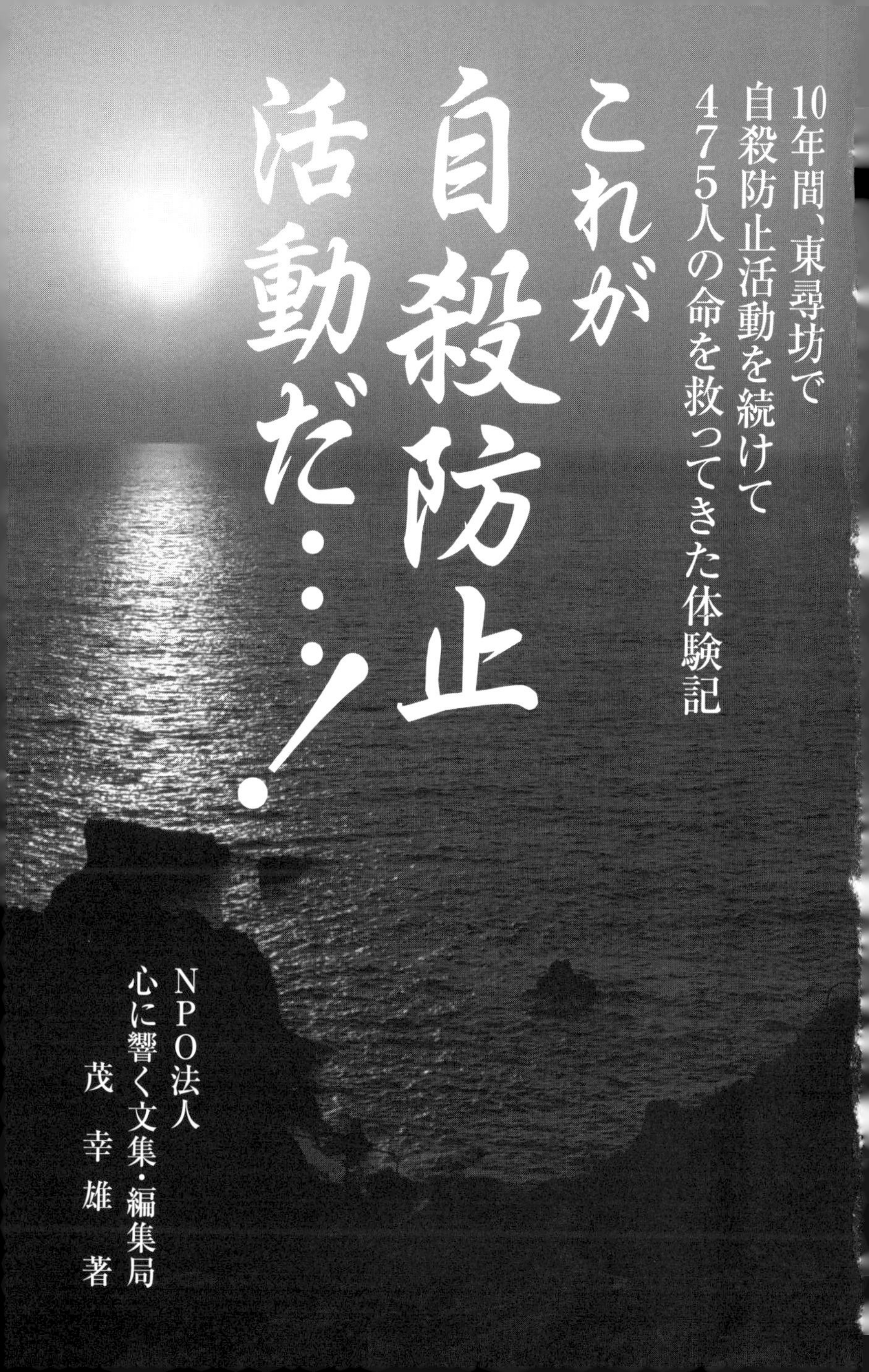

10年間、東尋坊で
自殺防止活動を続けて
475人の命を救ってきた体験記

これが自殺防止活動だ…！

NPO法人
心に響く文集・編集局
茂　幸雄　著

はじめに……

〝自殺の名所〟と呼ばれている福井県・東尋坊で10年近く自殺防止活動（人命救助活動）を行ってきて475人（平成26年2月24日現在）の自殺企図者の命を救ってきました。

皆さんから、「なぜ無報酬なのにそんなことをするの？」と聞かれることが多いため、ここで私の経歴を少し述べさせていただきます。

私は昭和37年に福井県警の警察官となり、42年間の警察生活を勤めてきました。

警察では、交番勤務から始まり、駐在所、留置場の看守、管区機動隊、白バイ隊、音楽隊、交通事故処理係りを経て29歳の時に念願の防犯課（現在の生活安全部）の刑事になり、巡査部長、警部補、警部と約27年間現場で悪と対峙し、最後が警視になって三国警察署（現在の坂井西警察署）の副署長になって定年を迎えました。

この生活安全部の刑事時代は、主に警察本部の特別捜査隊員として薬物、拳銃、風俗、少年、生活経済事犯などの捜査を担当し、この中で大きな事件として、全国を震撼させた殺人・爆発物製造事件を検挙・解決して警察庁長官賞を戴いたことがありましたが、「自殺」にまつわる事犯は1件も取り扱ったことはありませんでした。

ところが、定年を迎えた平成15年度に初めて東尋坊での「自殺」事案と対峙することとなり、その時には1年間で21人の自殺体の検視、80人近くの自殺未遂者の保護、多くの遺書を読ませていただきました。

そして、その時に聞こえてきた叫び声が「死ぬのは怖い!」「死にたくない!」「誰か助けてください!」「出来るものなら、もう一度人生をやり直したい!」という叫び声でした。こんな叫び声を毎日のように聞かされているうちに、この世の中は何か変だ……何かが間違っている……と思うようになったのです。

そこで、長年培ってきた刑事魂と言いますか、〝悪者は眠らさない〟との気持ちが湧き、犯人探しをしたところ、その根底に公務員には私生活不関与の原則、民事不関与の原則という大きな縦割り行政の壁があり、警察官であっても自殺問題については手足が縛られていたのです。また、東尋坊へ自殺を考えて来ている人の多くは県外者であり、どこの自治体も他県者には冷たい対応をしているのを知ってしまい、その実態を見てしまったことから、これは〝犯罪〟だと思ってしまったのです。

刑法第218条に「……保護する責任のある者がこれらの者を遺棄し、又はその生存に必要な保護をしないときは3カ月以上5年以下の懲役に処す」とありますが、この法律からも自殺は「社会的・構造的な組織犯罪」であると思いました。

私たちと遭遇した人の多くは、本人ひとりの力では自分が抱えている悩みごとを解決することができない状態になっているのです。しかし、周りの人は「励まし」「叱咤激励」「説教」「指導」「助言」をするだけで、何ら手を貸そうとせず、本人を責めるだけです。

例えば、次のような問題があります。

・家庭問題では、ジェンダーハラスメント（即ち男女の差別）、インクルージョン（即ち個性の排除）、儒教精神の強要、世間体の過剰な尊重、家柄による縛り、子離れ・親離れ、欠点探しの常態化、それぞれの立場の無理解、家庭内破綻。

・学校問題では、イジメに対する仲裁者・通報者の不存在、精神障害者の増殖、法の無知、生活能力に対する教育不足。

・企業問題では、パワーハラスメント、セクシュアルハラスメント、労働契約の不存在、管理体制の欠陥、責任逃れのためのマニュアル作り、職員の使い捨て体質、労災適用の回避、安全配慮義務の不足。

・医療問題では、薬漬けによる医療過誤、精神障害による自傷行為の全額負担、精神障害者の入院拒否、訪問看護の拒否、認知行動療法・環境調整療法の欠略、５分間治療。

・生活保護問題では、現在地保護の不適用、一時保護施設の不備、公営住宅入居希望者に対する連帯保証人の不存在を理由に入居拒否、緊急支援策の不備、県外者に対する住所地担当者との連携不足。

・自殺多発場所では、安全対策の不備。

・カウンセラー体制では、悩みごとを聴いて助言・指導はするが、その悩みごとを解決する能力不足、セーフティーネットワーク間の連携不足。

・その他の問題として、名誉棄損、侮辱、多重債務、イジメ、離婚、保証人、隣人関係、親子の確執、幻覚・幻聴、うつ病、就職難、住居、生活費……ｅｔｃ。

これらの問題は、疲れきっている本人だけの力ではとても解決することができないのです。

そこで、この活動を開始し、私と遭遇した人からじっくりと時間をかけて自殺に至った動機や原因を聴き出し、そこに私たちでもできる支援策を見つけだし、対策を講じてきました。

例えば、

・兎にも角にも、今休める場所が欲しい。

⬇「緊急避難所」

・悩みごとを聴いてくれる人が欲しい。

⬇「頼れる人」

・しばらくの間、誰かに寄り添いたい。

⬇「支えてくれる人」

以上の3点に応えるのです（**緊急三本柱**）。

そして、

・今抱えている悩みごとを解決して欲しい。

⬇「悩みごとの解決または軽減支援」

・貧しくてもよいから日銭が入る仕事が欲しい。

⬇「自立支援」

・どうしても悲観的に物事を考えてしまう……。

⬇「メンタルヘルス」

以上の対策を実践するのです（**次策三本柱**）。

・彼らが抱えている悩みごとを教えてもらい。

・彼らに対する支援策を考える。

・場合により、問題解決のために同伴する。

・自立した後は、特別な事情のない限り干渉し過ぎずに見守る。

このことを実践することにより、多くの尊い命が助かっています。

この本を読んで頂いた方々に、自分にもできる「人命救助」活動に取り組んで頂きたいと願っています。

平成26年3月吉日

茂　幸雄

目次

第9章……ゲートキーパーへの勧め

・迷った時は自分の掌《てのひら》を見よう！

・「人」の「為」に「善い」ことをする「者」と書いて「偽善者」という字になります。

・「同情するなら〝金〟をくれ！」でなく、同情するなら「同伴してくれ！」と叫んでいます。

・私たちの活動は、自殺防止じゃない！　人命救助活動（レスキュー）です。

・彼らの「心の叫び声」に耳を傾けてください！

・「平均台」と思って、直線のライン上を歩いてみてください！

・「アクセル」「ブレーキ」「ハンドル」は何のためにあるの？
緩急を付け、時には止り、時には遠回りし、Uターンしてもいいんだよ！

第1章

475人の「命」を救って

風光明媚な国定公園内にある福井県・東尋坊といえば、「ああ、あそこは自殺の名所だ」と思い浮かべる人も多くいると思います。ここでは過去30年間に643人の方が岩場から飛込み自殺をしており、事実上の〝自殺の名所〟となっています。

しかし、私たちはこの汚名を払拭するため、平成16年4月にNPO法人を立ち上げ、「東尋坊は、昔は自殺用断崖として利用されていたかもしれませんが、今は『人生の出発点』『人生再出発の場所』ですよ！」と言える観光地に変身することを願って、東尋坊の水際をパトロールして自殺を食い止める人命救助活動をしています。この活動を開始して今日（平成26年2月24日現在）まで約9年10カ月が経過しましたが、この自殺用断崖に立って天国を目指した人の〝命〟を救ってきた数は475人に達しました。

●自殺企図者の心理状態

自殺を考えて岩場に立つ人の心理状態は、心理的狭窄に陥って「心の痛みからの逃避」「精神障害による病気」「何らかの理由で追い込まれ、パニック状態になって、とりあえずの行動に出たもの」であり、正常な「自己決定権や自己判断」に基づかない行動になっています。いわゆる「死にたい病」に罹っている病人です。

この病気の症状は、現代医学の最先端であるＭＲＩを使っても判別がつかない病気であり、今のところ人間の〝心と心〟のテレパシーでしか感知できないものだと思います。

●生還への術

この人たちが断崖絶壁に座り込み、長時間頭《こうべ》を下げて岩場で終焉の時機を待っているのです。

そんな人たちに私たちは、「こんにちは、ここで何をしていますか……?」とやさしく声をかけ、その場に座り込んで胸内にある苦しみを聴きだし、一緒に泣き、場合によってはその人を強く抱きしめて、再出発するために私たちができるお手伝いは何かないかを探しだし、その人が抱えている悩みごとを取り除くために一緒に歩いてあげるのです。

このように、一緒に悩み、一緒に前を向いて歩く〝同伴活動〟、即ち、杖代わりになってあげると皆さんは再出発できるのです。

●死の誘惑からの解放

自殺に追い込まれている原因は多種多様ですが、自殺まで考えてしまった最終段階にある人は、精神的にものすごく衰弱しています。この精神衰弱状態に陥っている原因を、一日も早く取り除いてあげるお手伝いが必要です。

何年も、何十年も精神科で治療を受け、多剤大量処方の薬物療法だけを受けていては精神衰弱状態から脱出することはできないのです。この薬物治療だけに頼っている患者さんがあまりにも多いのに驚きを禁じ得ません。

では、この精神衰弱状態に陥らせている相手である〝怪物〟〝悪魔〟は何でしょうか……？ 私は、この〝悪魔退治〟をするために、共に戦ってあげることが自殺防止活動だと思っています。

●誰にでもできる〝悪魔退治〟

①いじめ＝教育現場における規範教育

子どもの頃のじゃれんこ遊びからイジメに発展し、適応障害や発達障害などの精神障害に陥っている子どもさんがたくさんいます。子どもの頃に精神障害に陥れば成人になっても対人恐怖症などの症状が出て、普通人としての社会生活が送れないのです。これは、子どもの頃に受けたイジメが大人になっても心の傷となって残り、人間失格になってしまう凶悪な犯罪です。

そこで、教育現場におけるイジメ対策を緊急に採ってもらう必要があるのです。今、学校教育の現場は精神障害者を生産する養殖場になっています。この教育現場における規範教育の必要性を私は訴えています。

②各種のハラスメント

職場内でのパワーハラスメントについて厚労省は、身体に対する攻撃・精神に対する攻撃・無視・過大な要求・過小の要求・私生活（個）への侵入……の6つの項目を挙げて対策を講じていますが、精神障害にまで発展した場合は労働安全衛生法による安全配慮義務違反として企業は責任を負わなければなりません。

また、セクシャルハラスメント（性的嫌がらせ）の場合、男女雇用均等法により行政からの是正指導に応じない場合は企業名を公表することができることになっています。しかし、ハニートラップ（色仕掛け、罠）の行為があるため、我々は騙されないよう細心の注意を払って対応する必要があり、もし訴えが真実であれば、その人を取り巻いている人に対してこの苦しみを訴えて職場環境の調整を図ってもらう必要があるのです。

③「心」「精神」に対する傷害行為

精神障害に至らしめる行為について、昭和54年の東京裁判において身体の完全性、健康状態の不良に至らしめる行為は傷害罪であるとあり、平成24年7月25日に最高裁でも判決が下されました。

各種の嫌がらせや虐待によって精神障害に陥った場合は傷害罪として訴えることもでき、職場で過労により精神異常者になった場合は当然損害賠償や労働災害として認定してもらうこともできます。

④性的暴力行為

親族や身内間での性的暴力やマイノリティー（性同一性障害）による自殺企図者も散見されました。これは本当に根深く修復困難な難問になっています。特に、被害者は恥ずかしくて被害申告をしないのです。

身内の者を極端に嫌う人については、近親者間による性的暴力を受けていないかを聞いてみる必要があります。また、強姦の被害に会った人はＰＴＳＤ（心的外傷後ストレス障害）のトラウマになっている人も多く、受けた時の異性に対する恐怖心から普通の社会生活が送れず、一生涯苦しんで生活している人もいます。

⑤緊急避難所（シェルター）

親子による「売り言葉に買い言葉」から、親子関係が破綻し、故郷を捨ててひとり淋しく生活をしている人もいますが、血縁関係はどうしても切り離すことはできません。

旅先で本人が重篤な病気に罹って死に直面するとはじめて心境の変化が起き、「死の拒否・怒り・生との取引・抑鬱・受容」のプロセスを辿ります。そしてもう少し生きていたいと思う「生との取引」期に入ると、人生の見直しが始まり、協調的になり、人間関係の修復を考えます。この時期にシェルターで生活をしてもらい、第三者の立場に立って両者の橋渡しをすることによりお互いの人間関係が修復することもあります。

⑥わがまま＝「欲しい物」と「必要な物」を見極める

苦しみの中に、他人と比較することによって劣等感を持ち、自分だけが何故こんな惨めな生活を続けなければならないのかと苦しむ人がいます。こんな時、求めているものが、今後の生活に必要な物か、ただ単に欲しいだけではないかを見極める必要があります。

「第3の人生」を考えた場合のプロセスとして、自分の今までの業績を手放す・自分や相手を許す・感謝する・さよならを告げる（旅立ち）・遺言状を書く・自分の葬儀方法を考える……などが呈示されていますが、本人の苦しみは自分の「わがまま」ではないかを考えてもらう必要があります。

⑦アルコール依存症

アルコールを飲用すると幻覚・幻聴が起き、体が震えて凶暴になる人もいます。本人は、凶暴になることを十分承知の上で飲酒して酔っ払ったように装って悪態を見せる場合もあります。

刑法の原則に「原因において自由なる行為はこれを罰す」とありますが、この人には絶対アルコール類は提供しないことが肝要です。日本には「未成年者飲酒禁止法」「酒に酔って公衆に迷惑をかける行為の防止等に関する法律」があり、平成25年12月7日には「アルコール健康障害対策基本法」(通称:アル法ネット基本法)が制定されました。今後その対策の推進に期待したいと思います。

⑧生活苦

憲法に、生存権として最低限の生活を営む権利と勤労の権利と義務が謳われています。また生活保護法や雇用対策法と相まって職業安定法などにより、真に生活に困っている人には国親思想から、国が親代わりになって生活の面倒をみることになっていますが、虚偽申告による不正受給や、その手助けをした人は詐欺罪の共犯者として処罰されることもあります。

⑨多重債務

貸金業法に「過剰貸し付けの禁止」が謳われています。即ち、業者は支払い能力のない人にはお金を貸してはいけないことになっています。そこで法テラスでは、お金のない人に対して法律扶助制度により弁護士を付けて自己破産などの手続きをしてもらえる制度があります。

⑩失恋

国公立大学の男子学生が部活で知り合った女性を好きになり恋仲になったものの、2年後にその男性は振られ、失恋の苦しみからその女性を殺すことまで考えましたが、自死を選択したのです。そこで、同大学にある「人権・ハラスメント委員会」に同伴して事情説明をし、今後の行動制限を申し入れて事なきを得ました。

⑪お局《つぼね》さん

女性職場での醜い争いごとには耳を貸さない男性管理職がおり、後々の女性からの恨みを怖がり仲裁にも入れない失格管理職の更迭と管理体制の充実を提言し、改善を促しました。

⑫ボランティア活動

自殺を考えている人は、心温まる皆さんの救助の手を待っています。昨今、各自治体で自殺を考えている人にお世話ができるゲートキーパー養成講座が開かれていますが、このボランティア活動とは「無償で他人のために汗を流す（働く）」ことであります。このボランティア活動から得られるものとして「生きがい」「健康」「生きる喜び」など、お金では手に入れることのできないたくさんの宝物を手にすることができます。

アメリカで高齢者2,700人に対してボランティア経験の調査をしたところ、ボランティアをしている人としたことのない人との長寿の差は2・5倍であったと報告されていました。

以上が、私たちが東尋坊で行っている同伴活動の一部です。

◎私たちの力不足により、その後自殺で亡くなった事案

私たちは一度は助けたものの、残念ながら別の場所で亡くなった方が今までに5件7人います。

・関西地方から親子3人が心中を考えて来たのを発見し、警察に保護をお願いして警察は家族に引継いだものの、翌日、同人らが住む10階建ての自宅マンション屋上から親子3人が飛び降り心中をして亡くなりました。

・関西地方に住む、長年うつ病で苦しんでいた女性を保護しシェルターでしばらく生活していたところ、数日後、精神病院に入院させるために家族が連れ戻しに来て、父親の姿を見た途端に急遽シェルターを抜け出し、数日後、越前海岸で入水して亡くなりました。

・関東地方から来た会社経営者が多額の負債を担い込み、自殺を考えて来たところを発見・保護しましたが、家族が保護することを拒否したためホテルに泊めたところ、深夜ホテルを飛び出し、東尋坊の松林内で首吊り自殺をして亡くなりました。

・信越地方から来た派遣切れの男性が仕事がないのを苦に自殺を考えて岩場に立って

いるのを発見・保護し、約1カ月間のシェルター生活から就職先が見つかり、再就職の準備のために身支度品を取りに帰省したところ、母親は息子に見捨てられたものと勘違いして自宅で自殺しており、隣に住む伯父から「お前が母親を殺した」と折檻され、その責任を感じ、自殺で亡くなりました。

・近畿地方に住む妻に先立たれた独身男性は、息子夫婦と3人で生活していたものの、息子の嫁を犯してしまい、実の息子に家を追い出され、以後自殺未遂を数回繰り返した挙句、東尋坊の岩場に立ったところを発見・保護しましたが、手首の負傷を治療するため病院に入院したものの、入院1週間後の真夜中に病院を抜け出し、レンタカーを借りて東北地方にある漁港埠頭から車ごとダイビングして亡くなりました。

この7人の方たちは、一旦私たちが発見・保護しましたが、私たちの力不足により、残念ながら天国へ送り込んでしまったのです。この紙面をお借りして、この7人の方たちのご冥福をお祈りします。

これまでに遭遇した475人の出身都道府県状況

	北海道・東北 (25人)						
自治体	北海道	青森	秋田	岩手	山形	宮城	福島
人員	5	4	4	2	2	6	2

	関東 (101人)							
自治体	栃木	群馬	茨城	埼玉	千葉	東京	山梨	神奈川
人員	3	3	4	19	14	29	4	25

	東海・北陸 (198人)							
自治体	静岡	新潟	長野	愛知	岐阜	富山	石川	福井
人員	8	6	7	61	19	6	28	63

	近畿 (108人)					
自治体	滋賀	京都	奈良	三重	大阪	兵庫
人員	9	25	6	7	40	17

	中国 (15人)				四国 (11人)		
自治体	鳥取	岡山	広島	山口	香川	愛媛	高知
人員	4	8	5	2	4	4	3

	九州 (17人)						
自治体	福岡	佐賀	長崎	大分	熊本	宮崎	鹿児島
人員	4	1	3	2	4	1	2

総計	43自治体
	475人

◎この表や統計資料から見えてきた状況

・自殺企図者による自殺場所としての選択肢は、風光明媚で自殺防止対策が採られていない噂のある場所を選択しており、自殺企図者には県境はありません。
・沖縄、島根、徳島、和歌山を除く43都道府県から東尋坊を自殺する場所として来ていました。
・多い順は、福井県・愛知県・大阪府・石川県であり、日帰りで帰れる近距離の住人でした。
・遭遇する多い月は、男性は5月~8月に多く、女性は6月でした。
・曜日別では、月・火・金曜日でした。
・年齢別では、男性は30歳代が多く、女性は20~30歳代でした。
・時間帯別では、午後4時以降の観光客が少なくなった時間帯でした。
・動機別では、病気、就職問題、家族関係でした。
・効果ある支援策は、緊急避難所の提供、同伴による問題解決支援、周辺者に対する環境改善を求めることなどでした。

第2章

特異な遭遇事例

うつ病、多重債務、生活苦、就職難、家庭破綻などを理由に自殺しに来る人は多くいるため、この章ではそれ以外の特異な事例だけを紹介します。

【事例1】実父による実娘に対する性暴力

東北地方に住む40歳代の夫婦が、東尋坊で心中を考えて岩場に立っていました。

この女性は、10年ほど前に結婚を前提とした同棲生活をしていたのですが男性が浮気したため結婚を破棄して実家に戻り、父親との2人生活が始まったのです。実父は15年前に母に先立たれた独身者で、その後この女性は（3年前に）同い年の男性と知り合って結婚し、父親との3人生活をしていました。

ところが、ご主人が出張中に父親は泥酔して実娘であるこの女性を犯してしまったのです。このことはご主人や他の誰にも相談することができず我慢の生活が続きました。以降、父親の支配権が強くなり、父親とご主人とも不仲になり、父親から「この家から出て行け」と言われたことを良いことに、居所も告げずに東北地方に逃げて行ったのです。

東北で働きながらローンを組みマンションを購入して夫婦だけの生活が始まりました。ところが、子宮癌が発覚し、うつ病になって苦しんでいた時に東北地方での3・11大震災に遭遇してしまい、買ったばかりのマンションの壁にヒビが入るなど生活もできない状態になってしまったのです。

どん底の生活が始まり、もうこれ以上ご主人に迷惑はかけられないとの思いから何回となく自宅で自殺未遂を繰り返したのですが、みなし子であるご主人は、「あなたをひとりで死なすわけにはいかん、俺には両親や兄弟などいないのでいつでも死ねる。死ぬ時は一緒だよ！」と言い、仕事も行かずに毎日妻の看病に専念していました。しかしとうとう生活費も底をつき、心中を考えて東尋坊の岩場に立ってしまった……というのです。

この2人をシェルターで保護し、精神科の治療を受けるために治療扶助や生活保護を受けてアパートを借り、旦那は居酒屋で働きながら再起を図っています。

※この女性は、父親のことを聞いただけで、全身を硬直させて体が震える強度の精神不安状態になりました。父親から受けた性的暴力のショックが想像以上のものであることが分かりました。

【事例2】義姉との情事

50歳代の男性が岩場に立っていました。

この男性には妻がおり、その妻には結婚し看護師をしている実姉がいました。この二組の家族は仲が良く、夫婦同伴でカラオケや飲み会、食事会までする濃厚な家族づき合いをしていたのです。

ところが、この男性と義姉が意気投合し不倫関係にまで発展してしまったのです。この男性は薬物依存を患っており、義姉が勤めている病院の向精神薬を横流ししてもらって使用していたことや不倫関係が妻に分かってしまい、以後義姉夫婦の家族とは不仲となり、家庭内では毎日のように妻から虐待を受けるようになったのです。その虐待も尋常でなく、真夜中寝ている時に突然顔面を拳骨で殴られたり、お腹を足蹴りされたりの暴力が続いたのです。

この様子を知っている2人の息子からは、「お母さんをこんなに苦しめているのだから2人は離婚しなさい！」「離婚しないのなら、俺たちがお父さんを殺すかもしれないよ！」とまで言われてしまい、妻からは、「あんたは青木ヶ原樹海か東尋坊へ行って死んできなさい！」「家のローンが1，500万円残っているが、あんたが死んで保険金で償いなさい！」と言われ、1カ月前に身に危険を感じて離婚届と退職届を郵送し、家を飛び出して石川県で独立することを考えてサラ金で90万円を借りて就職活動をしたのですが仕事にも就けず、所持金も底をつき、とうとう東尋坊の岩場に立ってしまったというのです。

この男性はシェルター生活を続けて就活をしていましたが、約1カ月後に中国地方に住む友人から仕事を紹介され中国地方で自立に向けて再出発をしました。

※電話で奥さんに、私たちが東尋坊で旦那さんの自殺を食い止めたことを告げたところ、「何故死なせてやらないんですか？」「あの男は畜生です！」「今からでも遅くないから死なせてやってください！」と言われてしまいました。

【事例3】息子の嫁への性暴力

妻に先立たれた50歳代の男性と息子夫婦の3人で生活していた時のことです。この男性は息子の嫁の親切心から好意を持たれているものと勘違いし、息子の嫁を犯してしまったのです。そのことを知った息子は激怒し、「お前は、犬畜生か！」「もう、親でも子でも何でもない、この家から出て行け！」と怒鳴られ、家を追い出されてしまったのです。

その日から、この男性の反省人生が続いたのです。

まず、関東地方で3年間飲食店の店長をやり、その後タクシーの運転手を2年間続けていたのですが、息子夫婦に対するお詫びの印に「匿名」で毎年100万円づつを送金していました。しかし、人生に疲れ果て、この世から最後の仕送りをしようと思い、送金する前に一度、最後のつもりで息子夫婦宅に電話したところ、嫁が電話口に出て、「今まで送られてきたお金はすべて福祉機関に寄付した。今さら、親父面をしないで欲しい、迷惑です」と言われてしまったのです。

以降、100万円を所持したまま何回となく首吊りや排ガス・服毒自殺を試みたのですがすべて未遂に終り、とうとう東尋坊の岩場に立ってしまった……と言うのです。

この時、100万円の現金を私たちの目の前にあるテーブル上に置き、「このお金は、ここのNPOの活動に使ってください……」と言われたのです。しかし、「はいそうですか」と言って受取るわけにもいかず、この男性を説得し、再起を約束させてその日からシェルター生活をしてもらいました。

シェルターに入所して約1カ月後のことです。自殺未遂をした時の手首を治療するため病院を紹介し入院させたのですが、入院して1週間目の深夜にその病院を抜け出し、レンタカーを借りて東北地方にある漁港埠頭から車ごと海に突っ込むダイビング自殺をしてしまったのです。

この件に関して地元警察からの事情聴取を受けたのですが、彼の遺体と所持金100万円弱を息子さんに受け取ってもらおうとお願いしたが、「戸籍上は親子でも縁を切った他人です。例えあの人の遺骨や現金を送ってきても絶対に受け取れません」と言われ、困っているとのことでした。

【事例4】子どもなんか要らない……出産を拒否した産後のうつ病

ある日、結婚して1年目の20代後半になる女性が東尋坊の岩場に立っていました。

この方は結婚してすぐ予想外に妊娠をしてしまったのです。これから新婚生活を楽しもうと思っていた矢先の出来事であり、子育ての心の準備ができていなかったため不安だったのです。そこで旦那や両親に、「今回は子育てをする自信がないため中絶させて欲しい……」と何回となくお願いしたのですが、両親からは、「結婚して子どもが生まれるのはあたり前だ」「欲しくても、子どもの出来ない家庭もある……」「赤ちゃんを産み、赤ちゃんの泣き声を聞けば、絶対に可愛くなるから産みなさい」と言われてしまいました。

以降、妊婦に対する定期健診の案内があったのですが、どうしても受診できず、流産させることだけを毎日のように考えて過激な運動をしたり、お腹を棒で叩き、さらには真冬に冷水を被るなどして流産を試みたのですが、1週間前にとうとう女の赤ちゃんを出産しました。

その女性は、その赤ちゃんの泣き声を聞いただけで鳥肌が立ち、授乳もできず、呼吸困難が続き、出産して1週間目の真夜中、病院を抜け出して東尋坊の岩場に立ってしまった……と言うのです。

※この夫に話を聞いたところ
僕が悪いんです。彼女のお腹にアザができており、出産を極端に嫌がっていたのを知っていながら彼女の気持ちを何も理解してあげられなかったのが残念です。
※実父母の話
嫁に出した私たちの立場もあるんです。この件に関して他人さまは口出しをしないで欲しい……と一喝されてしまいました。

【事例5】中絶行為は殺人です……中絶を拒否した産後のうつ病

8月3日、外気温が35度もある真夏日の午後3時頃のことでした。日傘もささず、生後まもない男子の赤ちゃんを胸に抱え、嫌がる3歳になる女の子の手を引っ張りながら岩場に向かおうとする親子を見つけました。この状態から直感で、この親子は心中を考えて来たと感じたため、声掛けをして無理やり相談所まで連れて来て話を聞いたのです。すると、「ここへ観光に来て何が悪い！」「無理やりここに連れられて来たのだから人権侵害や、警察に訴えてやる！」「警察を呼べ！」などと罵《のの》られました。

しかし、粘り強く説得を続け、家族の連絡先を聞き出し、母親に電話したところ、「結婚して5年目になり2人目を妊娠した。しかし旦那から、2人も育てるだけの経済力がないから中絶してくれと言われており、本人は、せっかく授かった命だから誰が反対しても絶対に産む、中絶なんて殺人だと言い張り、実家に戻り男の子を出産しました。しかし、妊娠中の夫の態度や嫁ぎ先との関係で将来を悲観し、親子心中を考え東尋坊へ行ったと思うので、すぐ保護してください」と言われたため、警察に保護をお願いし、警察から家族に引き渡たされたのです。

※旦那の話
3歳になる女の子はとても可愛いが、今度生まれてきた子どもには何の愛情も湧かなかった……。

※旦那の実父の話
息子（旦那）は強情でわがままな子です。嫁の意見なんてまったく聞かない子で、喧嘩ばかりしていたため心配していたところでした。

【事例6】～親子3人による無理心中～精神障害者を抱えた家庭

四国地方に住む63歳の夫と57歳の妻、精神障害者で28歳になる男性の親子3人が心中を考えて岩場に立っていました。

この家族は、夫の年金で妻（人格障害・うつ病・糖尿病）と息子（精薄・難聴）の障害者年金を受けて市営住宅で月約15万円で生活していたのです。しかし、息子が窃盗事件を犯して刑務所に服役したのですが、その服役中に特別公務員暴行陵虐事件の被害に遭い、鼓膜が破れる難聴になってしまいました。父親は刑務官の行為が許せないため訴訟を起こし、一審「勝訴」、二審「敗訴」となったため最高裁に上告することを決意し、当時の元受刑者仲間の目撃証言を集めるために全国各地を飛び回り、その費用として約300万円の借金ができてしまったのです。

今月分の生活保護費として1万7,000円が振り込まれたのですがガスや電気まで止められ生活が続けられず、社会福祉協議会に緊急小口融資制度の利用をお願いしたのですが断わられ、振り込まれてきたお金をレンタカー代に使い、「最後の命の綱」として先祖が1,000万円以上の多額のお金を寄進したという大阪にある新興宗教団体まで行って支援をお願いしたのです。しかし「あなたは2年前に会員としての資格が抹消されている。会員でない人には支援はできない」と断られてしまい、途方にくれた末、かって長距離トラックの運転をしていた時に知った東尋坊付近で車ごとダイビングして親子3人で心中するつもりで来たと言うのです。

この家族について地元の福祉課に連絡し、帰省後の支援について約束が取れたため帰省してもらいました。

※見えて来た社会的・構造的な問題点
・新興宗教団体の金儲け主義。
・貧困者に対する法律扶助制度。
・貧困者に対する緊急小口融資制度。

第3章

ある講演会での講話

平成26年2月吉日　ある講演会での講演内容

講師　茂　幸雄

もう、東尋坊へ自殺企図者を送り込まないでください！

皆さん、こんにちは！　本日お招きいただいてありがとうございます。

今日は、私が東尋坊で「自殺防止活動」に取組んでいることについて、「東尋坊からのメッセージ」と題して何か話をして欲しいとのことでしたので寄せていただきました。

「自殺」と言いますと、何か「暗い」イメージがありますが、私の話は、日本一「明るく」「感動が一杯」詰まっている話になると思っています。

何故、「明るく」て「感動」が一杯詰まっている話になるかと言いますと、東尋坊の岩場に立つ人は、

何らかの理由で人生に躓《つまず》き、人生の「どん底」に落ち込み、長いあいだ苦しみ、死を考えている人に「ちょっとした支援」をしてあげることにより元の元気を取り戻し、普通の生活に戻る……。

そんな話だからです。
そして、元気になった人から、
あの時は、本当に「死のう」と思って岩場に立ちました。

しかし、そこで見知らぬ人に声を掛けられ、その人に泣いて自分の苦しい胸内にあるものを聞いてもらい、自分の悩みごとの解決に向け、杖代わりになって一緒に歩いてもらったことにより、

「死ぬ必要は、ないんだ！」

「死ぬなんて、勿体ない！」

「死ぬより、生きている方が良いと思うようになりました」

と言われたのです。

こんな話ですから、こんな明るい話は外にはないと思っています。

今日の私の話は、東尋坊で自殺防止活動をしている「実践者」として、この活動開始の動機／日本の自殺の現状／特異な遭遇事例／彼らの叫び声／悩みごとの解決方法／遭遇者に接する時の心構え……などについて、日頃思っていることをお話しできたらと思います。

話に入る前に、皆さんに二、三お尋ねします。

○今までに、東尋坊へ行かれた方はどのくらいおられますか？

皆さんの中で、私に止められた方はおられますか……（笑）。

○私たちの活動を、ＴＶや新聞などで見られた方はおられますか？

○皆さんの中で、親しくしていた知人・友人・同僚・身内や親戚の人で、交通事故で亡くなられた方はおられますか？

昭和45年に交通死亡者が１万６，７６５人いた時、この現象を「交通戦争」だと言われましたが、以来ここ13年間は連続して交通死亡事故が減少し続け、昨年（２０１３年）は４，３７３人、一昨年は４，４１１人で38人減少しています。

○では、自殺についても同じ質問ですが、皆さんの中で、親しくしていた知人・友人・同僚・身内や親戚の人で、自殺で亡くなった方はおられますか？（他の会場でも同様の質問をしたところ、交通死に関しては約１割、自殺で亡くなられた方は約４割を占めていました）

日本では14年間連続３万人以上の自殺者が続いてきましたが、ようやく昨年は２万７，１９５人、一昨年は２万７，８５８人で６６３人減少し、やっとで３万人を割りました。しかし、このような状況であるのにまだ「自殺戦争」という声が聞こえてこないのが不思議でなりません。

ご協力ありがとうございました。

私たち団体の活動内容ですが、会員さんが94人おり、毎週水曜日を除く毎日、20人ほどの会員さんが3人1組になってローテーションを組み、午前11時頃から日没時までパトロールをしています。その結果、平成16年4月から平成26年2月20日までの約9年10カ月間で475人の方たちと岩場で遭遇し、この人たちの命を救ってきました。私たちの活動は、自殺企図者を「発見（気づき）～悩みごとの解決～再出発（自立）」するまでの一連の支援活動をしてきています。

私たちが、東尋坊の岩場で佇んでいる人に「**死んだらアカン**」と言い切るのですから、当然「**遭遇～再出発**」するまでの支援が強いられるのですが、帰る所のない人や、「片道切符」（所持金ゼロ）で来ている人のために緊急避難所（シェルター）を用意しており、また、「片道切符」で来られる人には、その日からの生活費を提供しています。

シェルター生活で、早い人で2～3日で再出発していますが、長居する人で半年以上経っても自立できない人もいましたが、平均すると約1カ月半（45日）で再出発しています。

では、この活動を始めた動機についてですが、平成15年3月に現職の警察官として1年間、定年を迎えた最後の赴任地が東尋坊を管轄する三国警察署でした。

その時、警察署にある統計資料を見ましたところ、東尋坊での自殺者数は過去30年間で650人おり、過去10年間では256人の、年平均25人以上が東尋坊で亡くなっていたのです。

警察に赴任したその日から自殺者の死体処理をさせられましたが、平成15年の1年間で21体の死体を検視し、80人近くの自殺未遂者を保護し、多くの遺書も読ませていただきました。

その時に聞こえてきた自殺企図者の叫び声は、

「死ぬのは怖い」

「まだ死にたくない」

「誰か助けて欲しい」

「出来るものなら、もう一度人生をやり直したい」

という悲愴な叫び声でした。

そして、私と遭遇した人たちは全員が五体満足の人たちであり、皆さんに自立力・回復力・復元力・蘇生力が備わっていたのです。しかし、その人たちの気持ちを周りの人は誰も理解しようとせず天国に追い込んでいる現実を見てしまったのです。

その現実を知った時、私はこの世の中のどこかが間違っていると感じてしまったのです。それは、自殺というものは本当に死にたくて死ぬのではないということでした。

平成18年（２００６年）に施行された『自殺対策基本法』では、「自殺は、本人の責任もあるが、社会から追い詰められた社会的・社会構造的な死である」とあります。即ち、自殺とは、この社会的・構造的な「組織犯罪」であり、社会・構造的な殺人事件であると定義付けられたのです。

となれば、この助けを求めている人たちを助ける行為は「人命救助」であり、「死にたい人は、死なせてあげれば……」などと考えている人たちに、彼らの「本心からの叫び声」を正しく伝えて「自殺」に対する意識改革をしてもらう必要があると考え、当

NPO法人「心に響く文集・編集局」の団体名を誕生させたのです。

この活動にあたっての活動資金についてですが、この活動を始めた最初の5年間はどこからも支援が得られず、数百万円の自己資金を充てて開始しました。ところが、平成21年11月からは国の「基金」が私たちのところに一部回ってくるようになり、全経費の約半分だけ助成が得られるようになり、残り半分の経費について寄付金や講演料、出版物の印税、自己資金などで賄《まかな》ってきています。

私たちの活動と他の団体との違いは、遭遇した人が抱えている悩みごとを「解決又は軽減」させるための支援をしていることです。

この人たちは多種多様の悩みごとを抱えており、周りの人に相談しても何も解決しなかったため死を考えてしまい東尋坊へ来てしまうのです。この人たちにとっては、自分の力（能力）では解決できない大きな悩みごととなっており、精神論であるお説教や叱咤激励だけではダメなんです。その人が抱えている悩みごとを取り除いてあげる手助けをしてあげないといけないのです。

私たちは、抱えている悩みごとを解決するため「同伴又は伴走」などの杖代わりになって再起までお手伝いをしています。例えば、家庭内での揉め事《もめごと》で悩んでいる人の場合、親戚や身内だけで解決しようとしても親族間で喧嘩になってしまうことがあります。この場合、まったく関係のない公平・中立な立場にある第三者が中に割って入り、話し合う仲裁役が必要です。

今、地球上で多くの国が戦争をしていますが、この戦争を止めさせるには地球以外の生物、即ち、宇宙人に仲裁に入ってもらわないと戦争は止まらないのと同じだと思うのです。

次に、「自立」するまでの支援活動をしています。

住む家や仕事のない人には、住み込みで働ける場所を探し出すため一緒にハローワークへ行って職探しをしています。また、職場内でのトラブルによりうつ病などの精神病を患ってしまった人もいますが、この人には、自殺に追い込まれている原因を突き止め、その人が働いている職場まで出向いて管理者と直接面接して直談判し、「安全配慮義務」に関する提言を行い、その人の「環境調整」をお願いするのです。場合により、労災の手続きをお願いしています。

このように、私たちがやっている対策を国にするようお願いし続けたことにより、昨年から「生活困窮者自立促進支援制度」ができあがり、私たちの団体も平成25年11月26日から「福井県自立促進支援センター」の構成委員にもなりました。

もう一つの特徴は、1人で悩んでいる相手を探し求めて「積極的な介入」、即ち、面談を行っていることです。

街中にはいろいろな「悩みごと相談所」がありますが、そこでは、悩める人が自ら進んでその施設を訪問して自分の悩みごとを話して助けを求めていますが、私たちの対応は、これとはまったく正反対で、「もう、これ以上誰にも自分の身の上話はしたくない……」と諦めた人から話を聴くところです。

この人たちは、東尋坊の岩場で遭遇し声掛けをしようと思って近づいていくと避けられます。何故かと言いますと、この人たちは既に『死ぬ覚悟』が出来ているため、「今さら……」と思うのでしょう。

「あなたに話を聴いてもらったって何ができるの？　どうなるの？　どうしろと言う

の？」

と思われるため、当初から敬遠され、嫌がられ、自ら進んで自分の苦しみを話そうとしないのです。人によっては東尋坊中を逃げ回る人もいます。こんな人に、積極的に話し掛けをして悩みごとを聞き出すのです。


東尋坊は、越前加賀海岸国定公園の中にある観光地です。ここへは年間１００万人以上の観光客で賑わっていますが、この場所の岩場で自殺を考えて佇んでいる人に声を掛けると……、

「今まで、いろんな人に相談してきました。そして私なりに、いろいろと努力してきました。しかし、どうしようもないのです」

「私に構わないでください」

「ほっといてください」

「毎日が辛いんです」

「やっとで死ぬ覚悟が出来たのに、何故止めるんですか？」

「早く、楽になりたいんです」

「あんたに、何が出来るの？」

……などと言われます。

また、

「ここで休んでいて、何が悪いんや！」

「今ここで瞑想にふけっているところや！」

「ほっといてくれ！」

「ここで話し掛けられると、調子が狂ってしまう！」

……などと言われ、怒られることもあります。しかし、絶対に怯《ひる》まず、恐れず、諦めず、粘り強く説得を続けるのです。

なぜここまで出来るかといいますと、私たちは話し掛ける前に長時間かけて遠くからその人の様子を伺っています。そして、自殺を考えて来ているとの確信を得てから話し掛けるのですから、どんなに罵詈雑言《ばりぞうごん》を浴びせられても自信を持って話し掛け、嫌々ながらも納得してもらい、私たちの相談所まで来てもらうのです。

このように、嫌がる相手に声掛けをして話を聞き出すのですから、並大抵の声掛け方法では相手にしてくれません。こんな人たちに口を開いてもらうには「誠心・誠意」をもって真剣に接しないと相手にはしてくれません。

この嫌がる人に、納得してもらうための最後のトドメとなる言葉は、

「あなたのその悩みごとを、私たちが何とかして解決するお手伝をしてあげますよ！」

——とまで言わないと、耳を傾け、口は開いてくれないのです。

本当に私たちは、どんな問題でも解決出来るのかと聞かれますと、とても私たちの力だけではすべてを解決することはできません。それは、どこの都道府県にもあるとおり、弁護士、司法書士、医師、警察官、保護司、民生委員さんなどで組織する「セーフティー・ネットワーク」（協議会）の方たちの力をお借りするのです。

私は、福井県にある「自殺・ストレス対策協議会」の委員もしており、そこで知り合った先生たちの力もお借りしています。

このような人命救助活動をするためには事前に受入れ体制を作っておく必要があります。

①「緊急避難所（シェルター）の確保」

②「頼れる人」

③「支えてくれる人」

——が必要です。即ち、「ほっと出来る場所」と「ほっと出来る人」と「ほっと出来る時間」を過ごせる場所の確保です。

今、全国各地で「居場所つくり」とか「サロン活動」と名付けた活動家がいますが、これこそ地域における「新しい公共の場」であると思います。

そして、「心が落ち着いた頃」を見計らい、次に必要な支援は、

①「いま抱えている悩みごとの解決又は軽減」を図るお手伝い

②再出発するための「自立」支援

③心の健康保持に向けた「メンタルヘルス」

——の三本柱対策です。

このように、私たちの活動の特徴は、

「自殺企図者を発見し」

「水際で自殺を食い止め」

「当座の生活の面倒を見」

「悩みごとを、解決又は軽減するための同伴活動をし」

「自立に向けた支援をする」

この5点のお手伝い（お節介役）をしているため、皆さんは東尋坊から再出発が出来ているのです。
※ここで、私たちが実際にやっている状況を撮影したDVDで見てもらいます。

ここまでの活動をしているためマスコミの注目を浴び、NHKの『福祉の時間』や『日本のこれから』などでも取り上げられて以来、爆発的にマスコミの取材対象となり、国内はもちろん、米国のCNNやニューヨークタイムズ、英国のBBC、フランス、ドイツ、カナダ、イタリア、オーストラリア、アイルランド、中東のアルジャジーラ、また今年になり、韓国、スウェーデンなど、これまでに10カ国以上の海外マスコミの取材を受けているほか、これまでにドキュメント映画や演劇、マンガにもなりました。

海外メディアの反響として、日本生まれの米国人から、「TVを見て感動した。旅費や生活費などすべての経費を提供するから希望者がいたら私の所へ送り込んでください……」と言われ、30歳代の早稲田大学を卒業した男性1人をこの方に送り込み、約3カ月間の米国でのホームステイにより再起した人もいました。

このように、体を張って人命救助活動をしているため、マスコミさんから、「東尋坊の命の番人」「東尋坊の一寸待ておじさん」「東尋坊の用心棒」などと大きな見出しを付けられて報道されており、その記事を見た私の娘から、

「お父さんがやっていること、本当なの？」

「偽善者と言われないようにしてね？」

などと言われたことがあります。

自分の娘から「偽善者」呼ばわりされた時は、その言葉は私の胸を強く刺しました。しかしよくよく考えてみたところ、「偽善者」という字は、「人」の「為」に「善い」ことをする「者」と書きます。確かに私は最初に取り組んだ時の気持ちの中に「人の為だ！」と思ったのも事実です。しかし、日が経つにつれてその考え方が少し変わりました。それは、毎日1万歩以上歩き、いろいろと勉強することにより自分の健康保持とボケ防止

になっているのです。となれば「自分の為」にやっていることとなり、「偽善者」の「偽」の字が取れた「善者」なんだなどと理屈をつけて活動を続けています。

自殺について、WHOの『世界保健機関』は、「自殺の多くは、防ぐことのできる社会的問題である」と言っており、日本の「国立社会保障・人口問題研究所」の調査では、「自殺やうつ病による社会的損失は、年間約2・7兆円だ」と言われています。

今、日本の自殺防止に費やされている国の予算は年間30億円程度です。年間2・7兆円もの損害が出ているのでしたら、少なくともその0・5％以下の1，000億円位の予算は注ぎ込んで欲しいと思うのです。

日本の自殺は、平成10年から14年間連続3万人以上が自殺で亡くなっていましたが、先進主要国の中で日本は断トツに多く、米国、カナダの2倍、イギリス、イタリアの3倍になっています。

一昨年（平成24年）ようやく3万人を切り2万7，858人になり、昨年（平成25年）は2万7，195人と、2年連続3万人を切りましたが、政府では数値目標を定め、平成17年（3万2，552人、過去最高は平成15年の3万4，427人）の20％以上の減少を目指すとあり、2016年の平成28年までに、2万4，428人以下に押え込むことを目指しています。

私としては、1人たりとも自殺は放置しておけないと思っています。

〈平成25年中の自殺の分析〉

・多い順は、東京都2,825人、大阪府1,553人、神奈川県1,532人。

・少ない順は、鳥取県130人、福井県164人、徳島県181人、佐賀県182人。

・全体の約7割近くを男性が占めており、特に50〜60歳代の「働き盛り、一家の大黒柱」が全体の約4割を占めています。

・また、15〜34歳までの「若者による死亡原因」の1位が「自殺」になっており、19歳未満の自殺者は全体の僅か1・7％です。

・自殺者の9割以上は何らかの精神疾患に罹っていると言われています。

原因は……①健康問題 ②経済・生活問題 ③家庭問題。

時期は……春と秋が多い。

月別は……5〜6月に多く、12月は1番少なく、月末と月始めに多い。

曜日別は……月曜日多く、土曜日は少ない。

男女別は……女性は4月、男性は6月（失業）に多い。

天候は……2002年から5年間、京都大と滋賀医科大（角谷教授）がチームを組み、都会で発生している鉄道自殺について、その時の天候を調べたところ、3日間以上の曇りや雨が続いた後の晴れた日に多く、7日以上の雨が続いた日は更に多いと発表されました（平成25年9月25日付け）。

〈自殺防止活動が〝人命救助活動だ〟と紹介された事例〉

①平成13年1月26日午後7時頃、東京・新大久保駅のホームから転落した日本人男性を関根史郎47歳のカメラマンと韓国の留学生・李秀賢26歳が救助するため、自分の命を捨てて助け出そうとし、3人ともが亡くなった事案があり、これがきっかけでホームドアの設置が促進され、皇后陛下が韓国に向けて「謝辞」が述べられて以来、日韓の距離が縮まりました。

②平成19年、東京都内で自殺を考えて線路を歩いている女性を見つけた警察官が、自分の命に代えて助け出した宮本警部の殉職事案。

③平成21年8月1日の夜中、群馬県・高津戸橋の袂《たもと》でうずくまっている自殺企図である女性を通りかかった夫婦が発見し、大間々警察署に送り届け、人命救助功労として感謝状が贈られた事案。

④平成21年8月22日、ＪＲ西日本の特急列車の車掌さんが、乗客の切符を確認中に長野県の63歳女性から東尋坊への行き方を尋ねられたことに不審を抱き、警察に通報して東尋坊で無事保護された事案について、福井県警察本部地域課長から感謝状が贈られた事案。

⑤平成25年10月1日、ＪＲ横浜線の踏切内に74歳の男性がうずくまっているのを見つけた村田奈津恵さん40歳は、父親の制止を振り切って線路内に入ってその人を救助し、本人は列車に轢かれて即死した事案について、政府から「人命救助に尽力した」として紅綬褒章が授与され、安倍首相から書状が届けられるとともに、神奈川県警本部長から人命救助として感謝状が贈られた事案。

⑥平成25年11月8日、三重県鳥羽市内の山中で20代の男性が首吊り自殺をしようとしているのを63歳の猟師が発見して保護し、鳥羽警察署長から感謝状が授与された事案。

⑦平成25年12月4日、富山県・新湊大橋から身投げしようとしていた22歳の男性を発見し、警察に通報した67歳のタクシー運転手が射水警察署長から感謝状が授与された事案。

〈東尋坊で遭遇した人たちの叫び声〉

①いろんな相談所で相談したがたらい回しに遭い、何回も同じ事を聞かれ恥をかきに行っただけで何も解決しなかった、もう二度と相談はしたくない。

②社内でパワハラやイジメに遭っているため上司に相談したところ、「あなたはうちの会社に相応しくないため辞めてくれ……」と言われ、退職を迫られた（ブラック企業）。

③職場の産業医による定期健診を受けたところ、精神科の治療を勧められ、以来、薬漬けにされて何も治癒せず、廃人になってしまった。

④出家を考え宗教団体の門を叩いたが「何処かの門徒の紹介状が無い人は受け入れられない」と言われ断られた。

⑤高校で「臭い」と言われ、皆が離れていくため担任に相談したところ「清潔にするように」と言われただけで何の対策もしてくれず、更に苦しくなった。

⑥うつ病を患い、死にたい病に罹ったため東尋坊の岩場に立ったところ「お好きなところからどうぞ」と言われている感じがし、何の対策もしてないためここで死ぬ覚悟ができた。

⑦生活困窮者のための緊急小口融資制度をお願いしたところ、「債務を弁済するための融資はできない！」と言葉尻をとられ、断られた。

⑧父親から「男のくせに何だ！」などとジェンダー・ハラスメントに遭っており、自信喪失になって自殺したくなった。

〈私たちが遭遇した特異な事例と危機介入状況〉

①海抜25ｍの高さがある東尋坊の岩場最先端に座って睡眠薬を飲み、日本酒を飲んで飛び込もうとしている人を発見。その人に近づき、襟首を掴んで平場まで引き寄せ、自殺を食い止めた事案。

②公衆電話ボックスが「命のホットライン」になっています。電話をしていた若者を発見し、その後の行動を監視していたところ、海岸まで降りて行って海水で薬を飲んでいる姿を見つけ、声掛けして病院に搬送し自殺を食い止めた事案。

③岩場の最先端でワンカップを呑んでいたため声掛けしたところ、「誰も俺の問題は解決できない！」「自分の妻は鬼ババだ！　お前なんか死んでしまえ！」と言われた。「もう死ぬしかない！」と泣いて訴えてくれた50歳代の男性の悩みごとを聞き、

離婚させて再出発させた事案。

④岩場に長時間座り込んでいたため声掛けして話を聞いたところ、高校の同級生にイジメられ、先生に訴えたが何も解決しなかった……と訴えられ、学校に赴いて対策を講じてもらい、無事卒業できた事案。

⑤長野県の一流会社に勤める28歳の男性社員が岩場に立っていたため話を聞いたところ、「4月の人事異動で、一番厳しい課長が自分の上司として異動してきた。その課長の下で働く人はみんなうつ病になっており、自分がその課長の標的に遭い、パワーハラスメントが続いて仕事に自信がなくなり、寝不足や食欲不振から仕事ができなくなり、自殺を考えるようになって東尋坊に来てしまった」と言うのです。そこで精神科の診察を受けて診断書を取り寄せ、会社の管理者と話をして労災の認定をしてもらった事案。

⑥62歳になるお父さんが岩場に立っていました。この方は、80歳になる母と、妻、県外の大学でアパート暮らしをしている長男の4人家族でした。現役時代に、退職金1,000万円程もらえると試算し、2,000万円を借金して30年の住宅ローンを組んで新築したのです。しかし、最近の景気低迷に煽《あお》られ、退職金は半額しかもら

えず、60歳で定年を迎えて再就職したが派遣社員として月10万円程しかもらえず、家のローンと長男の学費が払えず悩んだ挙句、ローン契約者が死亡した場合の支払い免除と生命保険3,000万円で家を残すことを考え、自殺を考えて東尋坊へ来たのです。家族から「お父さんの命の代わりの墓場の家なんか要らない！」と言われ、以降市営住宅で家族円満に生活している事案。

⑦ＪＲ福井駅案内所から通報を受け列車警乗し、27歳女性の自殺企図者を発見しました。この方は「女性総合相談所で2週間程生活していたが、東尋坊で自殺するためその施設を抜け出してきた……」と言うのです。この女性は母子家庭で育てられ、統合失調症を患い母親依存症となり、伯母から実母が「あんたが甘やかすからだ、身を隠しなさい……」と言われ、以後母親は身を隠して伯母がその娘の生活の面倒を見ていたものの、いつも『死にたい』と言っていたため生命保険をかけ、保険金目的に自殺に追い込んでいた事案。

ここでうつ病などの精神障害者に対する治療について少しお話します。

平成23年8月27日、厚労省は「医療法」に基づいて「ガン、脳卒中、急性心筋梗塞、糖尿病」の「4つ」を国民病に指定されていましたが、「精神疾患」を加えた「5大疾病」が国民病に指定されました。2008年（平成20年）の調査では、日本に323万人の精神疾患患者がおり、ガン患者の2倍以上、最も多い糖尿病の患者さんよりも約90万人多い237万人と発表されていました。

うつ病などの精神障害者の治療法として、「薬物療法」「認知療法」「精神・心理療法」「その他（ETC＝電気ショック）」が必要であると言われていますが、治療現場では「薬物療法」の薬漬けになっており平成24年7月27日、「日本うつ病学会」が医師会を警告しました。


〈精神障害や過労自殺による損害賠償の裁判例〉
①平成6年の電通事件で、24歳の男性に対する長時間労働などによる過労自殺と認定され、1億2,000万円の損害賠償判決。
②平成21年2月、鹿児島県のファミリーレストランの経営者による「名ばかり管理職」

に仕立てられ、自殺した事案について1億8900万円の損害賠償判決。

③平成23年2月28日、神戸地裁・姫路支部がマツダ社員の自殺について、6,300万円の損害賠償判決。

④平成23年10月1日、最高裁は光学機器「ニコン」で働いていた派遣社員である23歳の男性が「超過勤務による過労からうつ病になり、社員寮で自殺した」事案について、7,000万円の損害賠償判決。

⑤平成24年10月11日、福岡地裁は31歳の女性エンジニアについて、過労死と認定し6,820万円の損害賠償判決。

⑥平成24年11月19日、水戸地裁は中国から来た31歳の研修生が過労による急性心不全で死亡したと認定し5,750万円で和解成立。

⑦平成24年9月24日、最高裁は居酒屋チェーン「日本海庄屋」の店員による過労死と認定し7,860万円の損害賠償判決。

⑧平成24年6月25日、仙台地裁は運送会社「岡山県貨物運送」宇都宮営業所で22歳の男性社員の自殺した件に関して6,900万円の損害賠償の判決。

【参考】
昭和54年、東京地裁が精神障害について、「身体の完全性を害する行為」で「精神を衰弱させる行為も傷害罪である」と判決し、平成24年7月25日、最高裁でＰＴＳＤ（心的外傷後ストレス障害）に至らせた場合も傷害であると判示されました。

誰にでもできる**「ゲートキーパー」**活動について、5点ほど紹介します。

「気付き」……異変に気付くことで、変事の情報を取ることです。

情報とは、「情」に「報」いると書きます。「着信」を確認することが大切です。

「声を掛ける」……「孤立」からの解放です。

「孤独」は、読書・音楽鑑賞など、独りで自分の心を豊かにする行為であるため問題はないのです。相手を「説得・叱咤激励」するだけでなく、「話す」とは、「苦しみから、切り離す」ためのお手伝いをすることです。

「話を聴く」……傾聴するとは、「聞く」「訊く」ではなく、大きな耳で、相手の話を「十四の心」で聴くことです。

「繋ぎ」……多くある地域の人的資源を有効に活用することです。

この活動で一番大切なのは「同伴活動」です。人によっては、「気が小さく」「口下手」で、「世間体」「プライド」「意地」が邪魔して「恥ずかしく」「弱虫」と烙印《らくいん》を押されるのを恐れて誰とも繋がれない人もいます。

「見守る」……一度、目隠しして歩いてみてください。誰かが傍《そば》にいて（寄り添う）誘導してもらうと、目を閉じても安心して歩けます。また、「怪我」をしないか見守ることです。「怪我」とは「怪しい」「我」と書きます。「怪しい気持ち」になっていないか「見張る」ことです。

ヒヤリー・ハットの法則＝　大きな事案が発生するまでに小さな出来事が29回発生し、ヒヤリとする出来事が３００回発生するとも言われています。

今日の演題であります「東尋坊からのメッセージ」について。

・自殺は本人が弱いのではないのです。「地域の、周りにいる人たちの支援する力が弱い」のです。

・「自殺」は、どこの家庭でも発生する可能性があります。決して「他人事」ではないと考えるべきです。

・他人の「悪いところだけを探さないで欲しい」のです。悪いところ探しをし過ぎると相手は追い込まれ、息苦しくなって天国に逃げたくなります。反対に、「良い所」探しをしてあげて欲しいのです。誰も、褒《ほ》められると、もっと褒《ほ》めて欲しくなり元気が出ます。

・彼らには「国境とか県境」はありません。誰にも見つからない遠い土地で静かに死にたいと思う人もいます。例え県外の人であっても、地域の人同様の接し方をしてあげて欲しいと思います。

・自殺防止活動は「人命救助活動」（レスキュー）です。彼らは、最後の最後まで救助の手を待っています。

・「同情するなら金をくれ！」という流行語がありました。彼等の叫び声は、「同情するなら同伴してくれ！」と言っています。

・自殺を防止できる相談員、即ち地域の「ゲートキーパー」（同伴・杖）になって欲しいのです。

そこで、私からのお願いは、

「もう、これ以上東尋坊へ自殺企図者を送り込まないで欲しい」

と言いたいのです。

皆さんにお願いしたい活動は、「傾聴活動」「同伴活動」「喫茶去」「恩送り」「インクルージョン」などです。

そろそろ締めたいと思います。
私たちが、遭遇した人と接するときに心がけていることについてです。
・恩をきせない。
・秘密を暴露しない。
・過度の干渉をしない。
などであり、彼らはこの態度が一番嫌うのです。
相談を受ける時の心構えとして、
焦らず、叱らず、励まさず、諌めず、笑わない。
ことを励行しています。
最後に、私が遭遇した人に聞いてもらっている「詩」をここで紹介します。

人生はどんな人生も全て成功の人生です。
そして、人生に失敗の人生は有りません。
また無駄な人生も無いのです。

芳村思風　作

※長時間のおつき合い、ありがとうございました。

急いで死ぬな自分ひとりの身ではなし

第4章

パトロール隊員の体験記

◎会社が倒産しても社員の生活は守る

古屋美代子

初秋の日没時頃、観光客の姿もまったく見えない遊歩道をいつもの通り1人でパトロールしていたところ、松林の隙間から日本海が見渡せる吾妻屋の中にあるベンチに関西地方から来たという60歳代の男性が1人で休んでいました。

夕闇が迫るこの時間帯は、私ですら何となく薄気味の悪い情景になるのですが、こんな時間帯に1人吾妻屋で休んでいるなんて、あの人は自殺企図者に間違いないと確信して近づき声を掛けたところ、

「俺はもう歳だから命なんか要らんのや！」

「飛び込めなかったらこのロープで首を吊るから大丈夫だ！」

「余計なお世話だから、放っといてくれ！」

と、自分の言いたいことだけを言うだけで私の話には何も耳も貸さずに怒鳴られ、人払いされてしまったのです。

しかし、ロープまで準備していると聞いたからには絶対にこの人を見逃すわけにはいかないと思い、必死になってその男性のそばで約30分間ほどしつこく離れずに見ていた

のですが、急に立ち上がり、私を振り切るようにして岩場の方に向かって歩き出したのです。

〝これは危険だ！〟と思い、携帯電話で応援を求めたところ茂代表と森川会員が応援に来てくれました。茂代表はその男の行き先を立ち塞いでとうせんぼをし、半ば強制的に説得して持っていたビニール袋を取り上げたのです。するとそのビニール袋の中から洗濯用の長～いロープ2本を見つけだしました。そこで男は観念したのか、茂代表と共に相談所へついて行き、相談所の奥部屋で約2時間に渡る話し合いの結果、その日から私たちのシェルターに泊まることになったのです。

その人が自殺を考えて来た理由は、自分の会社が約5億円の負債を抱えてしまい倒産寸前の状態になっており、20人ほど抱えている従業員の給料だけは何とかしたいとの思いから自分の生命保険で償うために遺書を残して自殺をしに来たことが分りました。

その後、法テラスの弁護士さんたちの力をお借りして債権者には居所を隠しながら会社の整理をし、約10カ月間のシェルター生活の結果、従業員に会社を任せることとなり、従業員の給料も支払うことができて再出発を果たすことができたのです。

この方は、私たちのNPO法人が毎年1回開催している1泊2日の〝集い〟にも参加してくれており、そこで私と顔を合わせるたびにこんなおばさんにまでハグをしてくれるのですが、あれから5年、今でも年賀状の交換をしています。

◎女性職場でのいがみ合い

川越みさ子

初春の日没時のことです。岩場には観光客がまばらにおり、通称ロウソク岩と呼ばれている付近にさしかかった時です。遊歩道を50歳代後半の女性が、東尋坊では一番危険な箇所となっている岩場に向かって元気なく歩く姿を見付けました。私は咄嗟にその女性の後を追いかけて声掛けしたのです、

「こんにちは、どちらから来られたの?」

と、一声掛けただけで、その女性は急に私の胸にすがりついて泣きだしたのです。

私はすかさずその女性の体を強く抱きしめ、肩をなでながら、

「もう、大丈夫ですよ!」

「お会いできてよかったね……」

「今日まで、苦しかったんでしょ……」

　と話し掛けました。

「心を落ち着かせて、ゆっくりと何があったか聞かせてくれる？」

　と聴いたところ、彼女は体を震わせながら小さな声で、声を詰らせながら話してくれました。

「80歳になる母親を見捨ててここに来てしまいました。ここに来ると、何もかも忘れられると思い、約2時間松林の中で休んでいました。日が沈む頃になったため、決めていた飛び込む場所へ行くところでした……」

　と言うのです。

　しばらく立ったまま抱きしめて、気持ちが落ち着いたのを見計らって相談所まで来てもらいました。相談所で話を聴いたところ、彼女が言うには、

「昨年末にやっとで介護の就職が決まって働きだし、5カ月が過ぎましたがそこには古株の女性先輩がおり、その人はいつも私に、〝あなたの手が遅いから私の仕事まで止まってしまう、あんたは皆とはついていけないのだから、早めにこの会社を辞めたほうが良いよ！〟などと言われてしまい、何をしても文句を言われていた」

と言うのです。

「別の働き口を見つけようにも、50代後半にもなると何処も使ってくれる所もないのです。せっかく介護の資格を取って仕事を見つけたのに、またこの会社を辞めると母に文句を言われ、母親を悲しませることになるので、もう死んだほうがいいんです……」

と言って泣きじゃくるのです。

彼女の話を聴き終わったのは午後8時になっており、外もすっかり暗くなっていました。そこで彼女の承諾を得て心配している母親に電話でこれまでのことを説明したところ、

「すぐにでも迎えに行きたいのですが高齢で遠方であるため、これからは行けません。そちらで何とかしてくれませんか……」

と言われたため、シェルターに泊ってもらうことにしました。

そして翌日、茂代表との話の結果から、彼女の会社へ私と彼女を含めた3人で行き、理事長さん以下4人の方たちと話し合ったところ、

「確かに皆さんから嫌われている女性が1人います。しかし、あの人も可愛そうな人で、会社としては一生懸命仕事をしてくれているため辞めさせるわけにはいきません。その

人からイジメに遭い、自殺にまで追い込まれていたとはまったく知りませんでした。そんなこととは知らず、今まで放置していたのを謝るとともに、助けていただいたことに感謝いたします。今後は、会社が責任をもって彼女たちの職場替えなどを視野に働いてもらおうと思うので安心してください」

と言われ、現在は別のセクションで働いています。

あれから1年が経過しましたが、今日までに3回程近況報告に東尋坊まで来ており、元気を付けては帰っていかれています。

彼女と私が遭遇した時、某TV局の密着取材を受けていた時でしたので、あの時の遭遇場面が撮影されていました。そのTV局のスタッフは翌日彼女と交渉し、本人は顔を隠し、声を変えるのであれば放映しても良いと承諾したため、数か月後に彼女との遭遇場面が放送されました。

◎戻って来なさい！

山内　眞一

日本海に面している東尋坊は、海岸線を1周すると約1・4キロメートルあり、松林の中を海岸線に沿って幅員約3メートルの遊歩道が走っており、その沿道には、紫陽花やツワブキなどが群生しており、梅雨時期には七色の紫陽花の花が咲き、晩秋になるとツワブキの黄色一色になる景色を多くの写真家が撮影をしにやって来ています。また、松林の中にベンチが設置されており、晴天の時、ベンチに座って潮風を肌に感じながら日本海を望むと、そこには白い帆を立てたヨットや小船が行き来するパノラマが展開しており、その風景を見ていると別天地にいるような気分になります。

そんな場所で、ある2月中旬の晴れた日の午後3時頃のことでした。その日は、寒風が吹きつける寒い日であり、海が荒れ狂う晴天日でした。

私はいつものように、人通りのない遊歩道を1人でパトロールしていました。海抜約20メートル程の高さがある海岸側には柵が設けられており、その柵を乗り越えると、そこには高さ約2メートル程ある細い雑木林が茂っており、その海側斜面には1人がやっとで立てるくらいの広場があり、滑りやすく危険な場所となっているのですが、そこに

21歳になる女性が入り込んで海を眺めている姿を見つけてしまったのです。

その場所は、とても人が立ち入るなんて考えらない場所であり、そこに生えている雑木林の中に身を隠しているといった状態であり、私がその人に気づいたのは、遊歩道からすぐ傍の約5メートルほどの近距離であり、私はその女性の姿を見るなり、とっさに、

「何をしているんだ！　戻って来なさい！」

と大声で叫んでいました。

彼女は私の大声を聞いて驚いたのか、その場で棒立ちになり、私の方に顔を向けたためその人の顔を見たところ、その顔から涙を流しており、体を震わせていたのです。

「戻って来なさい！　こっちへ来なさい！　私が、あなたの悩みを何とかしてあげます！」

と叫び続けたのですが、そこは急斜面でもあり、滑り落ちる危険性もあったためか彼女はなかなか動こうとせず、その場に立ちすくむだけでした。私は彼女の気持ちをこっちに引きつけるため、必死で叫び続けたのです。

「死ぬほどの勇気があるのなら、私が何とかしてあげますよ！」

約10分ほど語りかけたところ、やっとで私の方を振り向き、ゆっくりと柵を乗り越え

て遊歩道まで辿り着き、道端に座り込んだのです。私もその場に座り込み話を聞いたところ、

「何処も就職先が見つからないんです。もうこれ以上家族に迷惑をかけて生きてゆく勇気もないため死を考えて来ました……」

と言うため相談所まで来てもらい家族に連絡したところ、自殺願望の強い家出人として警察に捜索願いを出しているとのことでしたので、地元警察に保護をお願いしました。

この時の私の教訓として、

①私もその場に座り込み、相手と同じ目線で話を聞いてあげたこと。

②危険な状態になっている時に、必死の思いで相手の気をそらし、矢継ぎ早に話し掛けたこと。

③私は常日頃に思っている「死ぬ気になれば何でもできるでしょう！」などと言わず、「その勇気を、私にください！」と言ってあげたこと。

④「死んだって、何の解決にもならないよ！」とは言わず、「この世で解決できないことは何もないよ！」と言ってあげたこと。

これらの言葉が功を奏し、彼女の自殺願望を断念させることができたと思っています。

私がこの活動に参加して考えたことは、このような緊急時に使うべき最後の強いメッセージは、「私が、あなたの命を守りますよ！」と、いかに相手に伝えるかだと思っています。

◎パワハラから精神障害に発展

N村氏

私は、茂さんのボランティアチームに入り、自殺防止活動を続けて3年しかたたない若輩者です。この数年間に本当に多くの貴重な人生経験や社会勉強をさせて頂きました。私が、初めて自殺を考えてやってきた人に声を掛けさせてもらったのは、関東地方から来た40代の男性でした。

真夏の午後3時頃のことです。いつもの通りパトロールをしていたところ、岩場付近で肩を落とし、うつろに歩いている姿を見付けたのです。私は遠くからその様子を双眼鏡で見ており、その後どうするのか見ていたところ、岩場から遊歩道まで戻って来たため一安心し、その後のことが心配であるため彼の後を気付かれないように付いて歩きました。すると彼は、松林が茂っている所にある吾妻屋の中に入り込み、ベンチに座ってまた考え込んでしまったのです。

私は声を掛けるかどうしようかと悩み、勇気を出して声を掛けました。

「こんにちは、今日は観光ですか？　どちらから来られたんですか？」

目と目が合った瞬間、直感でこの人は自殺を考えて来ていると感じました。何故自殺を考えて来たとまで分かったかといいますと、実は私も未遂の経験者です。あの時の彼の動作や雰囲気、表情、また沈黙の後の間合いなどからそう感じることができたのです。

私はゆっくり、自分がやっているボランティア活動を説明し、

「今日まで辛かったんでしょう……何故ここまで来たのか、話を聞かせて頂けませんか？」

と話し掛けたところ、彼は急に涙ぐんでしまったのです。

私は相談所がある「おろしもち店」まで案内し、茂さんや川越さんに引き継ぎました。その男性が自殺を考えて来た理由は、会社でのパワーハラスメントに遭い、生きていく勇気を失ってしまったとのことでした。

約1週間、私たちのシェルターで生活をしてもらい、会社との関係も解決して帰って行かれましたが、福井を離れる時、わざわざ私を訪ねて来てくれて挨拶をしに来てくれました。そして、彼が元気になった姿を私に見せてくれたのですが、あの時の彼の表情は、私にとっては本当に感動であり、今でも忘れることのできない、私の一生涯の宝物となりました。

彼にとっては、日々の重荷やストレス、しがらみなどが吹き飛び、元気になって帰っ

て行かれたのですが、私にとっては、これからの活力のエネルギー源となりました。

日々、何のためにこのパトロール活動をしているのかについて茂さんや川越さん、また先輩諸氏のご指導やアドバイスを受けながら活動を続けていますが、私は、東尋坊で活動しているこの人たちの信念は間違っていないと確信しています。

本当にありがたい、貴重な経験をさせてもらい感謝です。

◎介護疲れによる親子心中

前田裕子

10月下旬の午後5時頃のことです。いつものとおり東尋坊をパトロールをしていたところ、東尋坊で一番飛び込み自殺の多い海抜20メートルほどある岩場の平場に60歳代の男性が1人座り込み、そこにいた3～4人の観光客に大声を上げて、

「あっちへ行け！」

「近寄るな！」

「見世物じゃない！」

などと叫んでいる現場と遭遇してしまったのです。

その場所は、ゴツゴツした岩石が切り立つ断崖絶壁が続く場所となっており、崖下を見おろすと海面と岩場が入り組んでいる入江になっています。その岩場の平地となっている場所で観光客に対して大声で叫び続けるため、そこにいた観光客は怖くなり、その場からずるずると離れようとしていました。

私は何げない様子を装ってその男に近寄り、その男性が座っている付近を見たところ、何故か付近の岩が血みどろになっていたのです。私はすぐその状況を茂代表に電話で報告。するとその時、突然「ドボーン」と鈍い音が海の底から聞こえ、今までいた男性の姿が消えてしまったのです。急いで岸壁から海底を覗いてみたところ、1人の老婆が岩の上に横たわって九の字になっており、先の男性は、その老婆を抱えながら、

「カカァー！　カカァー！　痛い！　痛い！　助けてくれ！　助けてくれ！」

と必死になって叫んでいるのです。茂代表もすぐ飛んで来て、岸壁から海中にいる男性に大声を上げて力を付け、警察に通報しました。まもなく警察官やレスキュー隊、海上保安署も来てくれて老婆を収容し、防災ヘリコプターでその男性を吊り上げ、男性の命を救うことができたのです。

人払いをしていた男性が座っていた場所を見たところ、付近一帯が血の海となっており、そこにはサバイバルナイフが1本地面に突き刺さっていたのです。後から分かったのですが、あの男は最初母親をサバイバルナイフで刺して海に突き落とし、次に本人が飛び込み自殺を考えて飛び込んだと思われます。

後日、私は警察の事情聴取を受けて、あの人たちは実の親子であり、息子は介護疲れから親子心中を考えて岩場から飛び込んだことが分かりました。

私は、こんな経験は初めてであり、数日間はその時の状況が頭から離れず、夢まで見てしまったのですが、あの日から、その場所を通るたびに必ず合掌してパトロールしています。

◎自殺企図者の更生

杉本　元一郎

自殺企図者の事例や実態を見ますと、その企図に至るまでの経緯は多種多様です。自殺する原因には、金銭トラブル、職場内でのパワハラ、いじめ、家族間の人間関係、うつ病などの精神的・肉体的な病気、失恋など、大小を数えると多様な問題点が浮かび上がって来ます。

この人たちにカウセリングをし、輪廻転生や因果応報等を話して、一時的に落ち着かせても、その日からどうやって生き続けていくかという現実の問題があります。我々NPOとしては、保護した後の活動を熟慮して行動しなければならず、それが、この活動の最大の課題でありポイントでもあります。

頼れる人がおり、迎えに来てもらえる身内がいる人は帰れますが、帰る所も居場所も、何もかも捨てて疲れ果て、無一文なしになって命だけがある人に、「さあ、分かったらお茶でも一杯飲んで、おろし餅を食べ、好きな所へ行きなさい。ほんなら、サイナラ」と言って追い払うわけにはいかないのです。

自殺企図者が再起するためにはシェルターが必要なのです。たとえば、精神的・肉体的に病気に罹っている人は、一定期間入居させ、通院・入院・就職活動、最終的には生活保護申請等々、その人をとりまく環境の改善と更生を本人と周りの人たちが力を合わせてやらないとその目標は達成できません。私たちは、自殺企図者を発見して自殺を思いとどめ、その人たちが再起するために力を注いでいます。

どうか皆さん、行政機関の皆さん、我々NPO法人の活動（ゲートキーパー）に深いご理解とご支援を賜りますようお願い申し上げます。

◎東尋坊で自殺防止活動を10年間続けて思うこと

森岡憲次

私は、平成16年4月から東尋坊で自殺防止活動をするため、茂代表らとともにNPO法人を立ち上げ、とうとう9年10カ月が経過し、これまでに475人の自殺企図者の「命」を救ってきました。

私は、このうち10数名の自殺企図者を発見・保護し、その人たちの人生再出発に向けた支援活動もしてきていますが、この活動の実践活動を通じて今感じていることを少しお話しします。

日本の自殺者は3万人近くいますが、私たちが活動している東尋坊では、この活動を開始した当時は、過去10年間で256人、年平均すると25人以上の人が亡くなっていたのです。この状態を愁い、この活動を開始したのですが、以来、年々自殺者は減少し続け、昨年にはとうとう14人になり、ここ5年間は連続して10人以上が減少していますが、これも私たちによる地道な活動によるものと自負しています。

私たちの組織もだんだん大きくなり、会員さんは94人になりました。そして、水曜日を除く毎日、3人がペアになって日没時まで間断なくパトロールしていますが、パトロール中に道ですれ違う人たちに声を掛けて歩き、悩んでいる人がいたらその人から悩みごとをお聴きし、その人が抱えている悩みごとを払拭するためのお手伝いをしてきています。

日本には、「自殺の名所」と呼ばれている場所が50カ所ほど挙げられていますが、東尋坊は青木ヶ原に次いで日本で2番目に多い自殺する場所となっており、私は他の多発場所同様に年間5人以下にまで押え込むことができたらと思っています。

ところで、東尋坊での自殺の状況を見ますと、80％以上が県外者です。いくら東尋坊の水際で自殺を食い止めても、上流から東尋坊を目指して集まって来ているため、これで良いのだろうかと思うと虚しくなります。しかしそれにもめげず、自分の気持ちを奮い立たせて1人でも多くの「命」を救うことが大切であると自分の肝に命じて頑張っています。

私も自殺企図者の多くの人から話を聞いてきましたが、そこで感じたことは、皆さんは「孤独」から「孤立」への世界に移行していることです。即ち、自分の悩みや苦しみを誰にも打ち明けられずに1人で悩み、もがき苦しんでいるところに問題を感じています。こんな人たちから話を聴きますと、私から見ますと、それは本当に些細な出来事と思うのですが本人にとっては重大な問題になっているのです。私も調子が悪い時があり、時には些細なことでも真剣に考え込んでしまう時がありますが、あれは小さな出来事だと気づくには時間がかかるのです。

昔から、「何事も時間が解決する」と言われています。「あの時、誰かさんから掛けてもらった一言から勇気をもらった」とか、「恥を忍び、勇気を出して人に話を聞いてもらったため、勇気が涌いてきた……」という話を聞きますとすべて時間が解決してくれると思うのです。

時間が過ぎると、あの時の苦しみが良い想い出となり、場合によっては笑い話になることもあります。

私は、相手の心に沁みる言葉を今勉強中ですが、誰もが、自分の悩みごとや苦しみを打ち明けられる勇気こそが大切だと思います。

人間は1人では生きていけないのです。お互いが助け合い、慈悲の心を持って接することが大切だと思います。相談を受けた人は、親身になって一緒に悩んであげることで再出発が果たせるのです。

私は実践者として、今後もこの気持ちを大切にして、私のライフスタイルとして、この活動を続けていきたいと思っています。

東尋坊

第5章

東尋坊でのボランティア活動に参加して

実習生　望月　健司

〜東尋坊での実習を経て〜

【自己紹介と将来の夢】

こんにちは、私は神戸大学文学部4回生で、昨年（平成25年）の4月から1年間休学していています。休学を考えた理由は、2回生の終わり頃から自分が大学を卒業してどういう風に生きていくのかという自分の生き方に疑問を持ち、〝このまま3回生の後期から就職活動をして大学を4年で卒業しても良いのか……？〟との疑問を解消することなく卒業しても良いのかと思ったからです。

私は現在、神戸でボランティアサークルに参加しており、復興住宅でのふれあいや喫茶店で障害者の介護のボランティアをしていました。そこで、自分の生き方を探るために日本を自転車で北海道まで旅することにしようと思い、昨年の3月末から旅に出ることにしました。移動手段として自転車を選んだのは、寄り道ができ、すれ違った人たちと関わりたいという意図で、急ぎ過ぎない旅にしようと思ったからでした。

東尋坊に来た理由は、東尋坊をパトロールしている人がいるとの話を数年前に聞いたことがあるため、どんな場所か寄り道していこうという気持ちになり、4月14日に東尋坊に辿り着いたのです。

東尋坊には茶屋「心に響くおろしもち」と書かれた小さなお店があり、そこに代表の茂さんや事務局長の川越女史をはじめ、大勢のボランティアの人たちが集まっており、気軽におしゃべりができ、話をしているうちに、この東尋坊に関わっている様々な人に関わってみたいなと思うようになりました。そこで、その場で、「しばらくの間この活動に参加させていただけますか」と尋ねたところ、あっさりと承諾してくれたため、びっくりし、この日から1カ月ほど参加させていただくことになりました。

私の将来の夢ですが、まだはっきりした職業は決まっていないのですが、より多様な価値観を持った人が〝生きたい〟と思う社会を作っていきたいと漠然と思っている程度です。具体的にどのようにして生計を立てていくかなどについてはまだ考えていないです。

※NPO法人「心に響く文集・編集局」の一員として活動した感想
ここでは、パトロールや気にかかった人への声掛け、シェルターでの共同生活を送ったことについて、分けて感想を述べていきたいと思います。

①東尋坊での活動

東尋坊でのパトロール活動に参加して感じたのは、こちらから声を掛けなければほとんどの人は私の顔も見ないし、ただすれ違うだけであったということです。

こちらから声を掛けないと相手にしてくれないため、こちらから積極的に声を掛けるようになっていったのですが、これは東尋坊に限った話ではなく、普段から気にかかる人には声を掛けていけたらいいなとも思いました。しかし、ある意味では東尋坊という場所でパトロールしているから声が掛けやすいということもあるのかなと思いました。

ここでの経験で、普段からそういった声掛けを気軽にできる機会が持てることが大切だとこの活動を通じて感じました。私は、これから過ごす場所でも、無理のない範囲で声掛けをして行きたいと思います。

ここでの疑問は、ここでパトロールして、悩んでいる人に声掛けをして東尋坊で自殺を食い止めても、その人がそもそも死にたくなった現実を変えないと東尋坊以外の場所で亡くなることになるだけではないかと疑問が湧きました。

②シェルターでの共同生活

私は旅人ですが、福井市内のシェルターに空き部屋があるのでそこで生活してみても良いと言ってくれたため、ありがたく利用させていただきました。シェルターには、5人が共同生活をしており、交代で晩ご飯も作って頂き、お風呂も利用させて頂きありがたかったです。大人数で、一軒の家で食べる食事というのも久しぶりだったので、一緒に食べる時は楽しかったです。

次にシェルターでの共同生活で難しかったことは、どこまで共同生活に関わり、参加したらいいのかという部分でした。〝掃除は、共同スペースはした方がいいのか？　料理は手伝った方がいいのか？〟などなど、そこの住人に聞いても、「大丈夫だから」と言われることが多く、どこからが〝余計なお世話〟になっているかの判断が難しかったです。

もう一つ共同生活で考えたことは、「このシェルターは何を目的にしているか」ということです。一応1カ月を目処に就労へとつなげるという話は聞いていたのですが、実際は数カ月いる人もいました。だからといって、仕事を探しているわけでもなく、ハローワークに行ってきたという話をしていましたが、年齢によっては仕事を探すのが難しいんだと思いました。でも、こういった出かけて帰ってくる場所、同じ住居に住む者同士でしゃべって、ご飯を食べる場所があるから仕事を探しに行けるのだとも思います。

一方、シェルターの4階には生活保護を受けて生活をしている人が2人おり、就労を目指していない、目指す事が出来ない人も住んでいました。

ここに住んでいる人たちと世間話をしていると、東尋坊で活動をしている人とか、シェルターにいて出て行った人の話題はありましたが、他の人たちの話題がないなと思いました。正直言って、シェルターの中だけで人間関係を閉じてしまっている雰囲気を感じました。そう感じる原因は、外に出て行く場所がないのか、探すつもりがないのか、またまたそれぞれの持つ別の原因があるかまではわからないですが、外に出て行くという方向に気持ちが向くためにもシェルター以外にもそれぞれが行きたい場所があったらいいなと思いました。

③自殺企図者1名を発見保護した時の感想

【事例】平成25年4月20日午後3時50分ころ、中国地方から来た73歳の老母（以下・Aさん）を岩場で発見・保護し、会話中に昏睡状態となり、救急車で搬送した事案について、発見・保護したときの体験で一番印象に残っていることをここで書かせていただきます。

Aさんに声を掛けた時、Aさんが、「睡眠薬を70錠飲んだ」と言った時に、このましゃべり続けるか、事務所に電話をかけて応援を呼ぶかを迷いましたが、私はAさんとしゃべることを優先しようと思いました。この選択をした根拠をはっきりとは説明できないのですが、しゃべりだしたAさんの話を聴いていると、この話は聴かないといけないと思ったからです。

しゃべっているときは、私にとって不思議な感覚でした。感覚として、私は神戸のふれあい喫茶でのボランティアをしていた時に、そこで会うおばさんと世間話をしていたときの感覚に似ていたからです。また同時に、頭の別の部分では「この人は睡眠薬を飲んでいる」「ここは東尋坊だ」ということも意識にあったのですが、不思議と気持ちは緊張しているというよりは緩んでいて、時間がゆっくりと過ぎて行く気がしました。その後、睡眠薬が効いてきたのか、Aさんは意識が薄れ、受け答えが出来なくなってきたため事務所に連絡して応援を求めました。

後日、お礼を言いに来たAさんと息子さんと喫茶店でしゃべっていると、Aさんは自殺を考えるほど思い詰めていたとは分からないくらいによく話す方であり、この喫茶店で話している間も、さっきの話と同じように、ふれあい喫茶での感覚に似ているなと思いました。

ここから先は私の想像になってしまうのですが、Aさんは家族以外とおしゃべりをして、自分がどんな思いを抱いているか、家に居づらいという気持ちを認められなかったのではないかなと思いました。もちろん実際には家族の耳に入るかもしれないから、他人には言いにくいとか、悪口は言ってはいけないとの理由で言いにくかったとも考えられます。

そういうことを話すことが出来る友人や場所がAさんにあれば、これから先、出来たらいいなと思い、今からそういった友人や場所を築くことの困難さを考えてしまいましたが、普段からのそういった我慢の気持ちの積み重ねがAさんを「死にたい」という気持ちにまで追いやってしまったのだとしたら、普段の生活、日常からガス抜きが出来ることが大切なのかなと改めて思いました。

④あとがき

ほぼ1カ月間シェルターでお世話になり、実際に東尋坊で活動したのは20日ちょっとでしたが、東尋坊で出会った方々と、そこからだんだんと広がっていく人間関係の中で様々な方々と出会い、沢山のことを考えさせていただきありがとうございました。

これから神戸に戻った後には、また自転車で日本を旅しようと思っています。今回の1カ月の実習で学んだこと、体験したことを今すぐに消化することができるかは分かりませんが、これからの長い人生の中でゆっくり消化していこうと思います。

また顔を出すと思いますのでそのときは宜しくお願いしたいのです。短い間でしたがありがとうございました。

第6章

悩みごとの解決事例

【事例1】 保健所の冷たい対応 A

平成25年1月、40歳代の女性が岩場に立っていました。

この女性は、小・中学時代にイジメを受けていたことが原因で適応障害とうつ病を患い、大人になっても他人との会話ができず、家に閉じこもる生活が続いていたのです。父親からは、「うつ病なんて昔はなかった、怠け者がかかる病気だ!」「そんな病気は仕事をすれば治る!」などと毎日のように言葉による虐待を受けていました。

そこで父親の機嫌をとるために、毎日のようにハローワークへ通い仕事を探していたのです。しかし、仕事が見つかっても職場の周りの人から「手が遅い……」「体臭がする……」などと言われ、皆さんに迷惑がられて1週間ぐらいで退職しており、これまでに70回以上の面接と30カ所以上の職場を転々としました。

父親と一緒に食事すると毎日のように叱咤されるため食事も喉を通らず、最近では父親の顔を見るだけで全身が震えるようになりました。自分のことで父と母による喧嘩も絶えず、「こんな私は生きていると皆さんに迷惑がかかり、この世に生きている資格の無い人間だ」と思うようになり、1月28日の夕方、東尋坊の岩場に立ってしまったのです。

この話を聞き、家族からの依頼を受けて、この女性を暫くの間私たちのシェルターで共同生活をさせることにしました。

彼女から、

「今まで、何度もお父さんを殺すつもりで父親の枕元に立ったことがあったが殺せなかった……このまま家に戻るのなら、父親との別居生活をしたい……」

と言われ、父親の理解を得るために急遽家庭訪問して直接父親と面会し、話し合った結果から、生活保護を受けて精神科へ通院させ、ひとり暮らしをさせることになったのです。

しかし、1カ月が経過した頃、再び彼女から、

「死にたい！」

「こんな私を産んだ父親や母親が憎い！」

と書かれたメールが送られてきたのです。

この件に関して母親から、

「本人は精神科への入院を強く希望しており、このままでいると殺人事件が起きそう

です……。私たちは娘に殺されるかもしれません。娘を置いて逃げるしかありません……」

と、切迫詰まった電話がかかってきました。

そこで、「通所している精神病院の先生に診断書を書いてもらって地元の保健所へ行き、措置入院をお願いしてみてはどうですか……」とアドバイスしたのです。

それから数日後、母親から電話で、

「保健所へ行って入院をさせてくれる病院の紹介をお願いしたが、精神病院名が書かれているパンフレットを1枚もらっただけで、病院の紹介はできないと言われ断られた……」

と言います。そこで県立病院へ行って診察を受けさせてみたらと言って行かせたのですが、そこの先生から、「空き病床がなく、この程度では入院はさせられない」と言われたとの連絡が入りました。

それから数日後、私が東尋坊をパトロールしていた時、その彼女が再び東尋坊の岩場に立っていたのです。そこで、再びシェルターで生活させたのですが、この時の彼女の生活態度を見ていると、以前に増して自殺念慮が強くなっており、また、両親に対する恨みごとも多く言うようになり、殺意まで感じられたのです。このままの状態で私たちが保護を続けているわけにはいかないと判断し、家族の承諾を受け、以前担当したという地元保健所の担当者やその上司に電話で、

・彼女は以前よりも自傷他害の恐れが強く、緊急に措置入院をさせる必要があると思われること。

・本人及び家族は、任意入院を強く希望しており、保健所の仲介による入院先の紹介を強く要望していること。

・この私からのお願いは、法23条による「民間通報」であること。

・警察から通報を受けないと保健所は動けないと言うが、私の経験では、警察は身柄を確保した場合すぐ保健所に通報して対応してもらっていた。なぜ警察からの通報がないと保健所は動けないのか、その理由を説明して欲しい。

と言ってお願いしても、頑として入院できる病院を紹介することはできないと言われ、この内容を母親に告げたところ、

「私たち家族は、もう事件が起きるまで待つしかないんですね……今日までいろいろとありがとうございました……」

と、何か悪いことを決意したと思われる返事が返ってきたのです。

そこで、私は再度保健所の担当者に電話で現在の家族の心情を伝えて支援をお願いしたのですが、「どんなことを言われても当保健所はパンフレットを提供することまでしかできません。あとはご家族の自助努力しかありません……」と、はっきりと断られてしまったのです。

そこで、電話で堂々巡りの話では時間が経過するだけであり、直接本人および家族を連れて行って直談判するしかないと判断し、5月7日の午後2時ころ、本人および母親と共に保健所を訪問することを告げ、急遽約3時間かけて当該保健所へ赴き、担当官及びその上司と面談したのです。

この時の私の言い分としては、
・保健所は、精神障害者によりその周辺者が危害を加えられる恐れが十分にあると思われるため、速やかに応急措置をとるべきであること。
・精神障害の疑いが十分あると認められ、本人および家族が「自傷または他害の恐れがある」と、現実に困って救助を求めているのですから、少なくとも規定する72時間以内の応急入院措置の対応をすべきと思うこと。

・精神障害者を抱えている家族は、保健所が「最後の砦」になっていること。
・今日まで私たちは東尋坊で自殺防止活動をしてきて、精神病院への入院を希望しているのに窓口で拒否されたのは、関西方面の某保健所と、あなたの所の2カ所だけですよ。
……などと説明しましたが、当事者から話を聞こうともしないため、私は大声を上げるなどして約1時間詰め寄ったところ、やっとで入院先を探し出し、その職員も同伴して精神病院の先生の診察に立ちあい、即日入院となりました。

※本人および母親から
「今まで、保健所にいくら窮状を訴えても耳を貸そうとしないため諦めていました」「今後どうなるか分かりませんが、本人は入院を強く希望しており、治療して早く社会復帰したいと望んでいるため、少しでも良くなることを祈り、今後を見守っていきたいと思います」「あそこまで担当者に強く詰め寄らないとあの人たちは動いてくれないことが分かりました」「私たち家族は心中まで考えました。娘が入院できたことだけでも助かります」との感謝の言葉をいただきました。

【事例2】 保健所の冷たい対応 B

関西地方に住む30歳代の身寄りのない男性が派遣切りに遭い、東尋坊の岩場に立っていたのです。

この人は、派遣切りに遭いアパートを追い出され、友人を頼って就職先が見つかるまで居候して就活に励んだのですが、ここ3年間、精神病院でもらっていた薬物の副作用から体力が衰え、就職するための気力も湧かず、うつ病が強く出ているため死ぬしかないと思って岩場に立ってしまいました……というのです。

彼の生い立ちは、中学1年生の時に両親が離婚し、母親に引取られて母親は再婚したのですが、20歳になった頃に義父と暴力沙汰を起こし、親子の縁を切って家を飛び出して以来、家族とは音信不通となり、身内には誰も頼れる人はいなくなりました。うつ病で体が辛く、ホームレスにもなれないのですと言うのです。

「今は、何とかしてうつ病を治して働きたい」

と言います。

そこで、同人の住民登録のある区役所で生活保護による疾病治療などの支援を受けさせるために区役所の担当者に電話したところ、

「自殺企図者の支援は福井県の福祉課で支援をお願いしてください。私の区役所には、そんな人を収容する保護施設がないので連れて来ても引取れません」

と言われてしまったのです。

そこで、本人を連れて行きお願いするしかないと考えたため、担当者に同伴することを告げて急遽自家用車で約3時間かけて当該区役所の生活保護担当課の担当者と面接して約3時間かけて支援をお願いしたのですが、その時の担当は、

・確かに私のところに住民登録がされているが、私のところにはその人を収容する施設がないため、他の区役所へ行ってください！

・この人がうつ病で困っているのなら、健康保険課が窓口になっているためそこで相談してください！

と言われてしまったのです。

当該区役所内に精神課や福祉課があるのに、何故私がそこまでしないといけないのかを考えると腹立たしくなり、断腸の思いで、

・この人は、ここの区役所の住民であり、本人が窓口に来て支援をお願いしているのだからここの区役所の責任で何とかしてあげてください。
・私たちは彼を残してこのまま福井に戻ります。
・あとの始末は、区役所の責任において好きなようにしてください。
と言って彼を残し、区役所を引き上げてしまったのです。

約1時間後、その後の措置が心配であるため、再訪問して担当者にその後の措置を聞いたところ、

「彼は精神障害者であるため精神病院に入院させることになりました」

と言ってくれました。

※本人から入院先から電話で
「あの時は更に1時間ほど区役所の廊下で待たされ、やっとで精神病院への入院が許可されました。今後どうなるか分りませんが、何とかしてこの病院で病気を治し、再出発したいと思います」

と近況報告がありました。

【事例3】　企業にあるマニュアルを盾にした責任逃れ

28歳の男性が社内での失態から責任を感じ、東尋坊の岩場に立っていたのです。

この男性は、母子家庭に育てられ、弟との2人兄弟で、母親の支援を受けて大学まで行かせてもらったのですが就活に失敗し、9月になってようやく老人介護施設の正社員として採用され、働き始めて6カ月が経過しました。この施設は3階建ての大きな施設であり、各階には15人程の老人が入院しており、男性介護士は週2〜3回の夜勤勤務があり、夜勤になると1人で午後6時から翌日の午前7時まで入所者のお世話をする仕事でした。

失態事案は4月上旬の夜勤勤務の時でした。いつものとおり入所者を午後9時が就寝時間になっているため、フロアで休んでいた92歳の老婆を就寝させるために車椅子に乗せ、部屋まで搬送する途中に車椅子のバランスを崩し、乗っていた老婆は車椅子から前かがみになった状態で転がり落ち、顔面を傷つける怪我を負わせてしまったのです。

そこで急いで応急手当をし、老婆を寝かせたのですが、こんな経験は初めてのことであり、常日頃から「大切な患者さんを傷つけたら責任を取ってもらう」と言われていたことを思い出し、勤務引継ぎの時や損害賠償、退職を迫られるのではないかと考えていたらパニックになってしまったそうです。また、自分の不甲斐なさや、母親に対する負担を考えていたところ急に怖くなり、勤務時間中である午前5時ころ職場を放棄し、自殺を考えて電車を乗り継いで東尋坊の岩場に立ってしまった……というのです。

このことを知り私はすぐ職場の責任者に電話で、

・自殺を考え、彼は東尋坊の岩場に立っているところを発見・保護したこと。

・事故が発生したのに上司に何も報告せず、他の応援も求めず、更に負傷者に一応の応急措置はしたもののその後の様子も見ずに負傷者を放置して逃げて来てしまい、本人は責任を感じて死んでお詫びしたいと泣いて反省していること。

などを伝え、私の考えとして、

・社内事故を起こし、何も責任をとらずに放置して逃げてきたことは絶対に許されない行為であるため、その責任としてこの青年を首にすることもできると思う。しかし、もし許されるなら、この貴重な体験を活かし、今後は、他の模範者になってもらい育てていくこともできるのではないか。1人の将来ある青年を、ここで見捨てることをせず、本人は深く反省しているためもう一度使ってやって欲しいし、本人も希望している。

・職場に介護に関するいろいろなマニュアルがあるが、このような事故を防止するための実地訓練も今後取り入れて欲しい。
・本人が今反省している内容を書面に書かせ、直接お詫びに行かすことも可能であること。
などを伝えたところ、
・院長先生（社長）に、今回のことを詳細に説明して許しを乞うてみます。
・今回の不祥事案は業務上発生した出来事であるため、被害者についてはホームが全責任をもって対処し、個人負担にはしません。
と言われ、しばらくして「院長先生からの伝言です」と言われて、

「明日の午前10時までに出勤し、院長先生と面接してお詫びを入れてもらえば今回の件は不問にすると言っている」

との回答があり、どうにか勤務に復帰することができました。
※青年からのコメント
東尋坊の岩場に立った時は退職処分や損害賠償の請求、更に母親の負担などを考えたらパニックになりました。あの時は、どうせ首になるんだからとの気持ちが湧き、逃げてしまったのです。今回、何の処分も受けず職場復帰ができました。今後は、勇気を出して誰かに相談し、絶対逃げ出すようなことはしません。

【事例4】　責任者不在によるトラブル……「お局《つぼね》さん」の支配

5月上旬頃の日没時に55歳の女性が岩場に立っていました。

この女性は、介護士として病院に採用され、最初は外来患者さんを対象とした休憩室やトイレの清掃、入院患者さんの食事の準備などの下働きの仕事を3人1組でしていたのです。

このチームには2年先輩の口の達者な女性平職員がおり、その方はみんなから「お局さん」と噂されて嫌われていたのですが、この方は他人の一挙手一投足まで私物命令を出し、それに従わないとすぐ文句を言うのです。

このお局さんと口論になり、ここ3カ月間は一言も口を効かず、息の詰まる日々を送ってきたのです。

このお局さんの仕事ぶりは、手は早いのですが円形掃除で済ませてしまう粗雑な清掃の仕方であり、食事の準備も、手順が書かれているマニュアルがあってもそれに従わず、責任者でもないのにその日の気分で毎日手順を変え、それに従わないと大声を上げるため、それを嫌って昨年中は2人も辞めてしまったのです。

この彼女との関係もギクシャクしだしたため上司である男性職員に相談したところ、「女性の喧嘩の中には入らないことにしている。特に女性は後から恨まれるから嫌や……」と言われ、職場内の改善は何もしてもらえなかったのです。

そこで転職を考え、ハローワークへも行ったのですが、高齢のため仕事も見つからず、自分の生活を維持するためには嫌々でも我慢して働かなければならず、家に帰ってからも「お局さん」のことが頭に残り、ここ1カ月間は体調を悪くして寝不足や食欲不振が続き、最近は物忘れや仕事上の失敗が続いており、自分に自信がなくなり、今日は会社を無断欠勤して東尋坊の岩場に立ってしまった……というのです。

これは、職場内の管理責任機能が麻痺してるためにイジメが発生しており、自殺にまで追い込むなんて許されないと思い、本人の要望も受けて約3時間かかる職場に赴いて管理者と面会し、職場環境の改善を申し入れたのです。

その時に申し入れた内容は、
・彼女が会社を無断欠勤し、自殺を考えて東尋坊の岩場に立っていたこと。
・この女性は、職場内のイジメからうつ状態になったのは労災の恐れがあり、精神科医の受診が必要と思われること。
・今回の原因は、管理者の管理能力に問題があると思われるため、今後、女性の特性が理解できる人事をお願いしたい。
などについて提案したところ、理事者からは、
・職員の自殺（過労自殺）を食い止めたことに対する感謝の言葉。
・職場における「私的命令」の払拭に努めたい。
・職場内での規律を明確にし、二度とこのように自殺に追い込むことのないよう職場環境の改善を図りたい。
などについての改善策が示され、引き続きこの女性は、別の場所で働くことになりました。
※女性から
「今までは弱い立場の意見がまったく理事者側には届かなかった。今後は、風通しの良い職場になることを期待して働きます」との感謝の言葉をいただきました。

【事例5】　マンションにおける騒音騒ぎ……幻覚・幻聴者に対する対応

10月上旬頃、56歳になる元国家公務員女性が東尋坊の岩場に立っていました。

この女性が自殺を考えて来た理由は、13年前から13階建てのマンションで、現職の国家公務員（男性：パートナーと呼んでいた）と事実婚をしており、隣室は大手会社の社宅で、2～3年ごとに住人が変わる転勤族の住居になっているのです。ところが、3年前から隣室に子どもが3人いる5人家族が転居してきたのです。その家族は、入居後まもなくピアノを買い入れ、毎日のように昼夜を問わずピアノを弾くため、その音に悩まされて寝不足が続き、騒音問題で自治会に苦情を申し立てて注意をしてもらい、ピアノに防音装置を付けて練習をするようにしてもらいました。

もう一つの悩みごとは、そのビル全体の防音機能が悪いため隣室の会話や子どもの泣き声、水洗トイレの使用音までが聞こえる状態であり、静かにしていると夫婦生活の会話まで聞こえてくるのです。

そこで困っているのは、夫婦間の会話を盗み聞きし、他の住人に噂話をされることです。法律事務所へ行って相談したところ、「これは生活音と思われる。自分の部屋に盗聴機器を付けて盗聴されても何の規制もないため耐えるしかないでしょう」と言われてしまったのです。

そこで、夫婦間の会話が聞こえないようにするために常時ラジオの音を大きくしていたのですが、最近になり、確証はないが、隣室との壁に穴を開けて盗聴器を取り付け、夫婦の会話を盗み聞きしているみたいなので直接注意したが辞まず、こんな生活に耐えかねて、最近になり友人宅やビジネスホテルなどを転々と泊り歩いています。パートナーは実家に戻ってしまい、2人の仲にもヒビが入ってきたのです。この年になっても正式な結婚もしていないため実家には戻れず、最近は隣室の子どもまで憎くなり、いっそのこと奥さんと刺し違えて死のうかとまで思ったこともあり、それもできず、お金も底をついてきたため、この生活にピリオドを付けて東尋坊の岩場に立ってしまった……と言うのです。

そこで、この夫婦から依頼を受けて、隣室に住む主人の勤務先である関東の営業所や関西にある本社まで同伴し、人事担当者に直接お会いして、

・マンションにおける隣室とのトラブルの実態。

・今後の異動の目安。

などについて問い合わせをし、対処法をお願いしたところ、約1カ月後に担当者から電話で、

・調査したところ盗聴行為はしておらず、ピアノの音も消して練習しており、相手の訴えは事実無根と思われる。

・隣室の住人は精神的に異常と思われるが、社員とその家族の身の保身のため、年内の早いうちに転居する。

・転居する理由は、相手の訴えとおりの事実があったために転居するのではなく、身の危険を感じ、緊急避難として出ていくことを相手に伝えて欲しい。

と回答がきました。

上記回答内容を、和らげた表現で彼女に説明したところ同女から、

・この問題は法律では解決できない出来事であることが分かりました。

・人の目に見えない出来事を誰に相談しても門前払いでした。

・今回、私の悩みごとを解決するために動いていただき、今後の仕打ちが心配ですが今まで抱えていた悩みごとが少し軽くなりました。

・隣室の人は年末に転居していきましたが、新たな転入者のことを考えると心配が絶えません。

との、後味の悪いお礼の言葉をいただきました。

※参考
この夫婦は、高学歴で社会的にも地位の高い職業に就いているカップルでした。

この事案は、奥さんの精神障害による幻覚・幻聴に依るものと思われ、本人は自分の精神障害についてやっと少し認めるようになりました。

このように、今までにもこれと同種の幻覚・幻聴（つきまとい・盗聴・盗視・誹謗など）により悩んでいる人から話を聞いて対処してきましたが、幻覚によると思われても、一つ一つの事柄について否定せず、丁寧に話を聞き、本人と共に事実確認をするお手伝いをすることにより快方に向うのではと思いました。

第7章

なぜ男性の自殺者が多いのか？

日本の自殺者は14年間3万人と続きましたが、そのうち7割以上が男性です。外国でも、男性が女性よりも自殺者は多いのですが、日本のこの数値は異常です。

※下の男性の自殺、女性の自殺の表を見てください。

この理由について多くの人は、リーマンショックなどの経済不況によるものだと総括し、平成9年の三洋証券と北海道拓殖銀行の倒産や山一証券の自主廃業など経済不況により失業者が増加したからだと言っています。

しかし、この説明だけでは私は納得でき

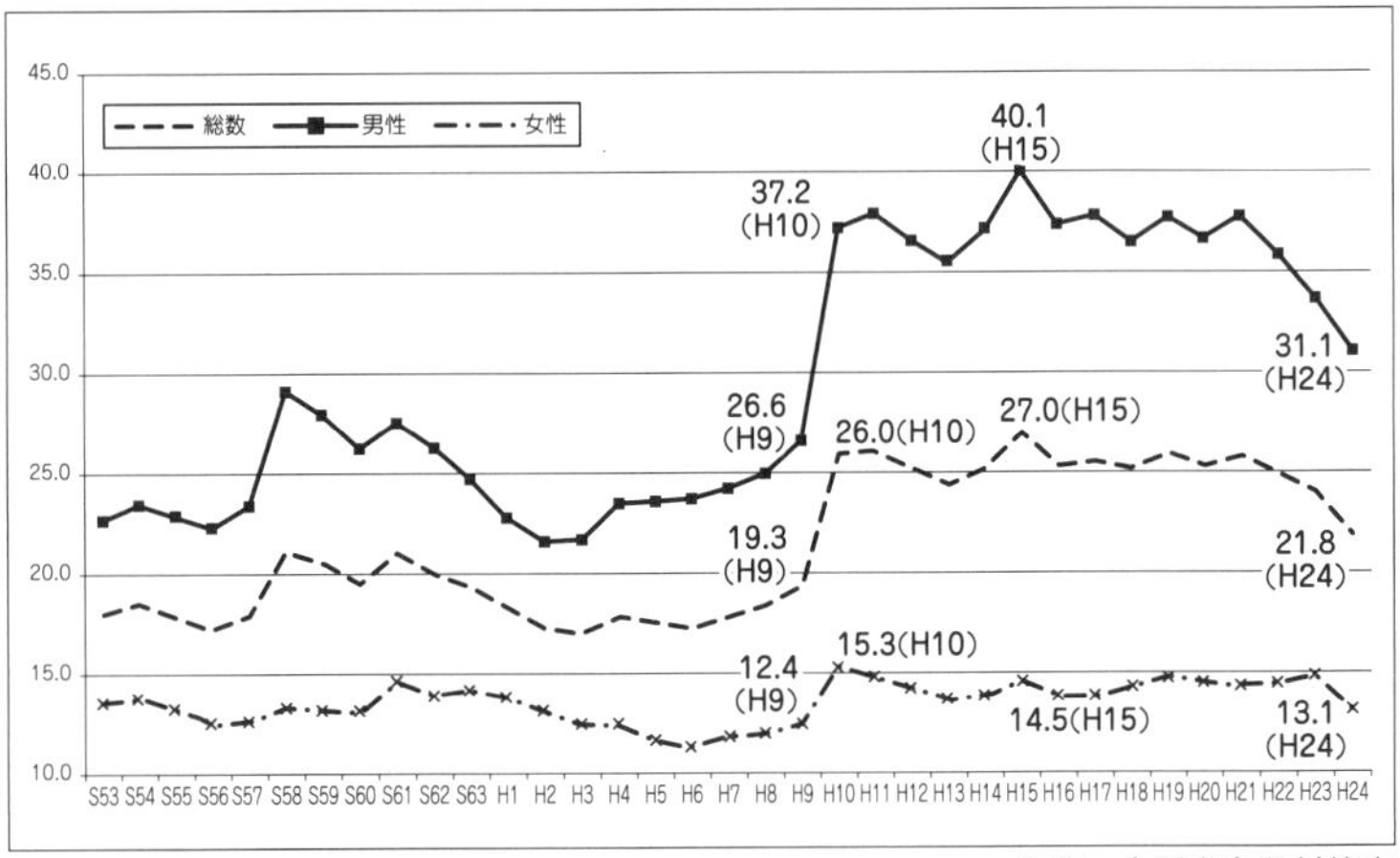

出典：内閣府自殺対策室

ません。もしそうだとしたら、家族構成からみても男女が一緒に増減すべきだと思うのに、何故女性は平年並みであり、男性だけが大幅に増加したかについて説明不足だと思うのです。

◎性別による離婚と自殺

この表を見ても分かるとおり、女性は離婚するとルンルンの世界になっているのです。そこで、

・日本の男女の「平均寿命」を見ますと、世界保健機関ＷＨＯの発表によりますと、２０１３年（平成25年）は、男女平均83歳で、これは世界１９５カ国中１位の長寿国となっており、女性の平均寿命は86歳で世界１位、

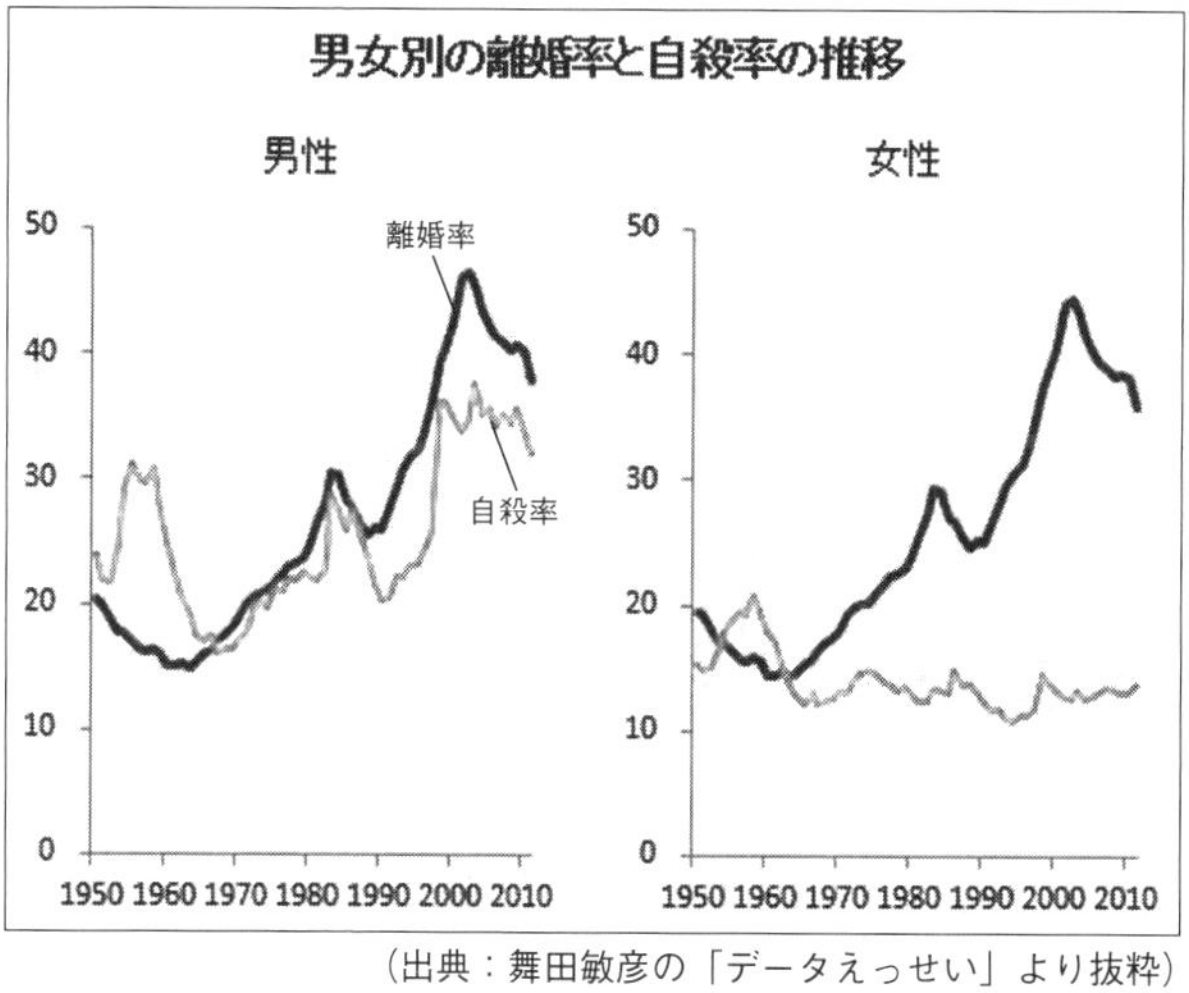

（出典：舞田敏彦の「データえっせい」より抜粋）

男性は79歳で世界5位で、その男女の差は7歳でした。

・日本の「男女格差」ですが、2013年（平成25年）のダボス会議で発表された「男女格差報告書」によると、世界136カ国中日本は105位で、先進国の中では最低の水準になっています。

これらの報告書から、日本の女性は日本の男性より我慢が強く、生命力があると思われます。即ち、日本の女性は本能的に追い込まれると誰かに泣きつき誰かに頼って長生きができる動物であり、男性は、自分のプライドや子孫を守るとの本能があるため泣きつくことができず、我慢の世界で生きており、自分の命を賭けてまで守りとおす強く頑固な意思があり、バカな動物だと思います。

※男性が女性よりも短命なのは、組織的・構造的な面があると思われます。

◆日本人の根っこのどこかに男性を差別し、女性を優遇している構造になっていると思われます。

◆「男女雇用機会均等法の改正」「男女共同参画社会基本法」「ストーカー法」などに

より男性は女性に虐《しいた》げられ、社会の片隅に追い詰められています。

◆個人情報の保護に関する法律（平成17年4月1日施行）

通称：「個人情報保護法」により、社会の弱者と呼ばれている人の情報が地域に届かなくなり、地域による支援力が弱体してきました。

対策：もし個人情報を漏らせないのなら、個人情報を抱えている部署の責任によってその弱者を支援すべきだと思います。（不作為）

◆雇用の分野における男女の均等な機会及び待遇の確保等に関する法律（平成11年4月1日改正）

通称：「男女雇用機会均等法」により、各職場の中枢部に女性が進出したため男性の仕事が激減し、各職場で「椅子取りゲーム」が始まり、男性が女性の尻に敷かれるなど、男としてのプライドが傷付けられ、男性の生命力が削がれているのではないでしょうか。

対策：最近ようやく女性の管理職も認められるようになりましたが、この男女の格差をなくする「地ならし期間」がここ14年間かかり、男性だけの自殺の多くなった理由の一つになっていると思われます。

この男女平等思想により女性は強くなり、家庭内でも女性が指導権を握り、熟年離婚に発展しています。また、離婚した場合には女性には母子家庭として手厚く保護されていますが、父子家庭に対する保護の手がなくなりました。男性は離婚により社会から信用が薄くなり、将来を悲観して自殺に至るケースが多くなるのではと思われます。

◆その他

・男性は幼少の頃から両親に大きな期待を寄せられ、男性としてのプライドを高める教育を受けてきたため、一度の失敗で将来が見えなくなることがあります。

・男性は、「会社人間=働く人間」であり、上下の人間関係（階級）が身に沁みており縦の人間関係になっており、家に帰ってからも家族との横の関係が築けず、孤独の世界に陥っています。一方女性は、横のつながりが強く、常に仲間がおり、旅行や演劇などと外出することが多く、男性よりメンタルヘルス（心の健康）が充実しています。

・男性は社会的負担が大きく、常に危険な職場で働かされており、家庭の経済活動の中心に置かれているためリフレッシュする時間がないのです。

・男性には、一家の大黒柱として家族を守り、生活費を稼いでくる使命があるため常に過労ぎみです。一方女性は、高齢になっても常に「玉の輿」に乗り移ることを夢見ているため我慢強いのだと思われます。

・ある生命保険会社のアンケート調査では、来世（あの世）へ行っても今のパートナーを伴侶として選びますかとの質問に対して、男性は40％、女性は26・5％がＯＫでした。

この調査を見ても分かるとおり、男性は女々しく、女性は薄情の表れだと思います。

※そこで女性の方にお願いしたいのは、もっと男性をいたわり、夫を癒し、支え、理解してあげて欲しいと思うのです。

第8章

これが自殺防止活動だ…！

■自殺のない社会を目指して■

これまでに、尾辻秀久氏、柳沢光美氏、鴻池祥肇氏、稲田朋美氏、山本拓氏、桜井充氏、糸川正晃氏、福島瑞穂氏、漆原良夫氏、山本かなえ氏のほか、東京、大阪、京都、千葉、山梨、神奈川の議会議員さんなど、多数の先生たちが私たちの活動現場を視察に来られています。そこで、超党派の国会議員で組織されている「自殺対策を考える議員有志の会」の先生たちが、国会の議会で時の総理大臣などに対して厳しく質疑していただいています。

私は、せっかく各先生たちが東尋坊へ視察に来られるのですから、その機会を利用して「自殺防止活動をしている現場の声」として次の要望書を手渡しております。

1　国民の「命」を守るために活動しているボランティア団体の予算まで削らないでください（3割カットの現状）

私たちの団体は、9年10カ月で475人の自殺企図者の命を救ってきました。そこで遭遇した人の中には、生きたくても住居や生活費がないため天国を目指してしまった人が大勢いました。私たちは、昨年度（平成24年）中に57人の自殺企図者の命を岩場で救ってきましたが、そのうち月別集計で47人の方にシェルターで生活してもらい、再出発するまでのお手伝いをしてきました。この活動費については、平成21年11月から国の基金から全経費の約半分近くの資金援助を受けられるようになりましたが、以降、残念ながら毎年減額され、とうとう平成25年度は3割をカットの通告を受けて活動しています。

この通告を、額面通りに解釈すると、本年度（平成25年度中）は昨年の57人のうち3割減の、17人に対しては見て見ぬ振りをしても良いと言われているように感じています。私たちは、国からの助成金が削減されたと言われても、1人たりとも見逃すことはできません。「国民の命」は国民全員の手で救ってあげないといけないとの思いから、東尋坊の水際で体を張って命を救ってきています。

どんな理由があっても、私たちの活動費まで減額しないで欲しいと思います。

2　自殺多発場所を「墓場」として放置しないでください

東尋坊では、過去30年間に６４３人、ここ10年間に１８９人の人が自殺しています。これは、東尋坊が「自殺用の断崖」として放置し、位置付けしているように思われます。国定公園内にある東尋坊は、「自殺したいのなら、お好きな所からどうぞ！」といった場所になっているのです。

自然公園法でも、公園内における安全対策は地方自治体の責任だと、はっきりと謳われており地方分権が叫ばれていますが、どんな理由があろうと、人の命を商材にして観光客を呼び込む商法は絶対に許されないと思います。このような間違った考えを持つ理不尽な自治体に対しては、国が強い指導力を発揮して是正を促して欲しいと思うのです。自殺の多発場所は、「立入禁止の措置」「危険個所の排除」「夜間赤外線暗視装置の設置」「警備員の配置」「悩みごと相談所の設置」など、その対策を緊急に採るようご指導願いたいのです。

3　精神障害者は薬漬けにされています

かつて、「うつ病は、風邪のようなものです！」「お父さん、良く寝れていますか？」などと広報し、精神科へ行くよう国の働きによって誘導していましたが、その医療現場は国民を薬漬けにしています。

例えば、虫歯が痛いため虫歯治療のため歯科へ行っても、痛み止めの注射だけを射たれて根本治療をしないのと同じで、精神科で治療を受けても睡眠薬や抗うつ剤などの投薬による薬物治療だけであり薬物中毒者にさせられています。病気の治療は、その原因である根本治療をしないと治癒しないのです。街中にある小さな診療内科のことを「白衣を着た薬物売人」とまで揶揄されています。

この悪弊を払拭するため、各都道府県に1カ所以上の中央病院を指定し、そこで本格的な「認知行動療法」「環境調整療法」「ＥＣＴ」などが受けられる態勢を構築して欲しいと思うのです。

4　自殺企図者には国境や県境はありません

自殺企図者は、「一気に死ねる場所」「誰にも知られない遠い場所」「死体が発見されない場所」「できるなら、『事故』による死と仮装して死ねる場所」などを探し求めて遠い県外まで足を運び自殺しています。しかし実態は、自殺多発場所を抱えている自治体は自分の住民だけの福祉しか考えず、他県の者を排除しています。各都道府県の住人の2割は県外で自殺し、他県の自治体にお世話になっているのにも関わらずこれを認めようとしません。この実態を踏まえ、例え他県者であっても地元民同様に迎い入れてもらえる福祉の体制を構築して欲しいと思うのです。

5　自殺防止活動は「人命救助」活動です

自殺企図の皆さんは、「死ぬのは怖い」「誰か助けて欲しい」「出来るものなら、もう一度人生をやり直したい」と救助の手を待っています。この人たちの救助の叫び声に応える活動は「人命救助」に外ならないと思います。

自殺は、社会的・構造的に追い詰められた末の死であると提言されています。この自殺防止活動は「人命救助活動」であるとの国からのお墨付きをして欲しいと思います。

6　日本の自殺者が多いのは、この世に逃げ場所がないからです

自殺を考えている人が苦しい時に緊急に求めているのは、当座の逃げ場所である、「一時の緊急避難所」であり「頼れる人」「支えてくれる人」を求めています。（緊急三本柱）いくら自殺を防止できるゲートキーパーを養成しても、この活動者が、この遭遇した人たちを送り込む受け皿がないのではこの活動は掛け声だけに終わってしまうのです。男女を問わず誰でも駆け込める場所が必要です。現状は、「私の自治体にはそんな施設がないから外の自治体へ行ってくれ」と言われ、たらい回しにされています。こんな保護施設を全国各地に早急に整備して欲しいと思います。

7　悩みごとを解決・軽減させる支援組織を（支援する三本柱）

一旦自殺を諦め心が落ち着いた頃に求めている支援は、

①悩みごとを解決してもらえるお助けマン的な支援組織

②自分の力で立ち直るための自立支援組織

③メンタルヘルス組織

です。

しかし、現状は「話は聞くが何もしない。何もできない」のが現在の相談所の姿であり、それもメンタルヘルスだけに偏った対策が採られています。最重要課題は「悩みごとを解決・軽減させる」ことのできる組織を構築して欲しいと思います。

◎自殺多発場所での安全対策

~地方自治体には、公共の施設に対する安全対策義務があります~

日本国内には、多くの国立公園や国定公園、都道府県指定の公園があり、そこが自殺多発場所になっています。

平成19年に施行された「自殺総合対策大綱」や「大綱」で、「危険な場所の安全確保」として地方自治体に義務付けをしており、「公物管理法」による公の施設の管理責任として、国や地方自治体に「公園」などにおける安全対策が義務付けられています。

平成23年8月27日付けで、精神障害者が323万人いるのを踏まえ、厚労省は医療法に基づく国民病に「精神疾患」を追加しました。

一方、自殺の原因の統計資料を見ますと、40%以上が「死にたい病」などの病苦となっています。この「死にたい病」に罹っている人は、何の対策も採られていない列車や踏切、断崖絶壁等に立つと、その場所から「お好きなところから、どうぞ!」と、誘いの声が聞こえてくるそうです。

福井県の東尋坊は、日本一の飛込みの自殺の多発場所となっており、多い年で年間30

人以上もの人が飛込み自殺をしていますが、東尋坊では本格的な自殺防止対策をせずに放置しています。これは地元の「観光課」と「福祉課」が攻めぎあいを行っており、力のある観光課が東尋坊全体を仕切っているため福祉課は口出しができず、観光課にあっては「どんな手段を使っても観光客を誘因したい」との思いから、過日東京で開催された物産展示場で「サスペンス劇場でおなじみの東尋坊」と書かれた大きなパネルを掲示して東尋坊をＰＲしていました。（平成25年5月18日、地元ＴＶで放映）

そこで、国定公園などの公の目的のために供されている「公の営造物」における安全対策についてですが、

①事故（自殺）の発生の予見性（予見可能性）
②事故（自殺）を回避するための措置を講ずべき法的義務は（法的義務）
③事故（自殺）を回避するための措置を講じることが可能か（回避可能性）
④事故（自殺）を回避するための措置を講じているか（回避努力の有無）
を判断基準にし、この対策を怠って事故が発生した場合、国家賠償法第2条1項により「造営物が通常有すべき安全性を欠き瑕疵がある場合」に該当し、国賠が適用される恐れがあり、全国にある自死遺族の会による監視活動が必要だと思われます。

そこでお願いしたいのは、自殺多発場所を抱えている各自治体は早急に再点検をして欲しいのであり、自殺多発場所を抱えている警察にあっては、警察官職務執行法第４条「避難等の措置」の規定により、自殺・事件・事故など把握している情報をタイムリーに自治体に提供し、その対策を促す必要があると思われます。

※～和歌山県・三段壁における対策事例～

白浜町の名勝地「三段壁」では、平成26年1月23日から自殺防止のため、危険個所にチェーン柵を設置、遊歩道３カ所の入口に午後５時～午前８時まで立入禁止、監視カメラによる24時間監視活動を開始した。

◎行政の窓口に「悩みごと相談所」を開設

～パンフレットの配布だけでは役に立ちません～

自殺防止対策を考えた場合、どうしても避けて通れないのが交通事故防止対策に採られたような対策です。

昭和45年に交通死亡事故者数は過去最高の1万6,765人おり、当時、これは〝交通戦争〟だと位置付け、警察が総指揮官になって真剣に取り組んだことにより、昨年は4,411人にまで押え込まれました。

ところが、自殺者が14年間3万人いても〝自殺戦争〟と叫ぶ声が聞こえてきません。これは、自殺を防止すべき責任者の職務怠慢以外に何物でもないと思うのです。自殺も、交通事故と同じで、何処の家庭でも発生するおそれのある重大な事案です。WHOは、「自殺は防ぐことのできる死である」と言明しています。

〝戦争〟と名が付けば、最初は「空中戦」であり、次に「地上戦」が始まります。これを自殺防止に当てはめると「空中戦」が広報・啓発活動であり、「地上戦」が自殺企図者を救出するための実践活動だと思うのです。今行なわれている現状を見ますと、まだ「空中戦」の域から脱していません。

各自治体は、私が知る限りでは国から受けた自殺対策基金を消化するために、止むを得ず自殺防止対策協議会の設置、講演会の開催、ゲートキーパー養成講座の開催、相談所が記載されているファイルブックの制作と配布、チラシと抱き合わせたティッシュペーパーやボールペンなどの街頭商品配り、ストレスチェックの実施、ボランティア団体への少額支援、無料法律相談の開催など、マスコミ受けする活動だけに翻弄されていると思われます。もうそろそろ本格的な〝地上戦〟に移る時機が来ていると思うのです。

私たちは、平成16年4月にＮＰＯ法人を立ち上げ福井県の東尋坊の岩場をパトロールして多くの自殺企図者の命を救ってきました。そして、多くの人が人生再出発を果たしています。私たちがやっている実践内容を皆さんにご紹介して、今後の「地上戦」の参考になればと思い、以下に記述します。

自殺を考え、岩場に立っている人に、

「今、どんな支援をしたら自殺をやめてくれますか？」

と質問しますと、全員が口を揃えて、

・現在抱えている悩みごとを解決するための支援をして欲しい

・今、自立できる支援をして欲しい

・メンタルヘルスをして欲しい

の3点です。

私はこれを当座の「**緊急三本柱**」と呼んでいます。この「心の叫び声」に応えないと、彼らは私たちを頼ってくれないし、信頼もしてくれず、再起することも不可能です。

私たちがやっている一連の実践活動は、

①パトロールにより、自殺を考えている人を探し出す。（気付き）

②その人に声掛けをする。（声掛け）

③その人の悩みごとを聴く。（聴く）

④その悩みごとを解決又は軽減させるために同伴活動を行う。（同伴）

⑤再出発するため、居所や生活費のない人にはそれらの経費を提供する。（支援）

⑥ハローワークへ同伴し、住み込みで働ける場所を探す。（探す）

⑦その後の生活上の相談に乗り、その後を見守る。（寄り添う・見守る）

という一連の活動をしています。

この一連の活動をしているため、皆さんは再出発できているのです。

現在行われている窓口の対応について、私たちが遭遇者から聞いた話によると、

・話は聴いてくれるが、個々の問題についてはパンフレットを渡され、行き先を教えてくれるだけでした。

・家庭内のことを相談すると、公務員には民事不介入の原則があるため何もできず、自分で相談できる人を探してくださいと言われた。

・家庭訪問による相談を受けたいとお願いしても、事故防止のため窓口での相談しかできないと言われ拒否された。

・県外者であるため、地元へ帰って地元の相談所へ行きなさいと言われ、地元の担当者には何も仲介はしてくれなかった。

・無料法律相談所があるが、年に数回しかやらないため利用できない。電話でも相談できるようにして欲しい。

・探しても認知療法や環境調整療法をしてくれる病院がない。

・生活保護が受給されるまでに1カ月はかかると言われ、諦めた。

・ハローワークへ行ったが、保証人や運転免許証がないため働く場所が見つからなかった。

・少額融資制度があるが、住民票がないからダメ、働かない高齢者はダメと言われた。

・ストレスチェックは受けたためにさらに悩みごとが増えた。

などでした。

これらの問題を解決するために、各自治体と民間が連携し、民間委託によるワンストップサービスを行う必要があると思います。

※～滋賀県野洲市の事例～

野洲市では、ワンストップサービスを行うための窓口を、平成23年6月15日告示第113号で「野洲市市民相談総合推進委員会設置要綱」（平成24年4月1日施行）を制定し実施しています。

【概要】

・目的………社会問題化している自殺、生活困窮、人権侵害等の市民生活に関する深刻な問題に対し、連携して問題を解決するために積極的に施策の推進及び生活再建の支援を図る。

・相談者……行政、生活、人権、法律、苦情などの問題で悩みごとを持つ市民。

・受理者……市民生活相談室、人権センターの2部門を開設（関係課）。

・協力………市民相談総合ネットワーク（民間）。

・実施要項…カウンセリング、トラブル仲裁、諸施策の案内、情報提供などであり、多くの実績を収めています。

◎「全体の奉仕者」ってなに？
～島国《しまくに》根性の払拭～

憲法第15条に「すべて公務員は、全体の奉仕者であって、一部の奉仕者ではない」とあり、これを受けて国家公務員法や地方公務員法では、「すべて職員は、国民全体の奉仕者として、公共の利益のために勤務し……」とあります。

※現状

・公務員は、地方自治体の職員として採用されており、その職務権限はその行政区画内に限られています。このため、他県者である「滞在者」に対しては極端に疎かな対応をしています。また、自治体にも予算があるため、特に選良は自分の選挙民の幸せだけに特化しており、他県者、他地区の住民には耳を貸さない島国根性が丸出しです。

・自殺を考えている人を保護する場合、自立させるまでには多くの経費がかかるため、他県者を追っ払う体質があります。
・具体的な実例が、三省堂『自殺したらあかん！　〝東尋坊のちょっと待ておじさん〟』13Ｐに記載されています。
・地方自治体には「現在地保護」「滞在者保護」の義務と責任があります。例え県外者であっても保護を無視すると大きな責任問題が発生します。自殺者を見ますと、死者の約2割は県外の自治体にお世話になっています。この実態を踏まえ、すべての国民を平等に、且つ親切に対応して欲しいと思います。

◎教育現場に「法学」を

～先生！　イジメは犯罪ですよ！～

学内で学友たちにイジメられ、自殺を考えて岡山県や鳥取県・奈良県などの遠いところから東尋坊の岩場に立った人がいます。

この人たちから話を聞くと、学校の先生たちは成績の良い人はすべての面で優遇されており落ちこぼれの人は邪魔者扱いをされているとの言葉が返って来ており、学校生活中に僻《ひが》み根性が植えつけられているように感じます。

この落ちこぼれの子供たちは教育現場で徹底した対策が採られないために未熟の状態でこの世に放出され、社会に出てからも落ちこぼれ人間になり、自殺したり、自暴自棄になって犯罪を犯すのです。この、学生時代のイジメから自閉症や適応障害など精神障害者になり、苦しんでいる大人たちが沢山いますが、これは教育現場の落し子として、教育の名の下で受けた虐待被害の後遺症です。

結論から先に言いますと、知的障害を除き、学校生活で精神障害に至った子どもさんは、学校内で心に傷害を受けた被害者です。傷害とは、身体から血が流れた時だけが傷害ではなく、心の傷も立派な傷害罪です。学校が、この心の傷を負う傷害の被害者、即ち、精神障害者を育む養殖場になっているのではないかと思われます。

そこで思うのは、知識を教える先生と、人間性、即ち社会と繋がって自立して生き続けられる教育の二極に分離した教育が必要だと思うのです。

平成25年6月27日、「いじめ防止対策推進法」が施行されました。この法律で、教育現場に強い権限が与えられ「生徒に対する出席停止などの懲戒権」や学内で発生した犯罪は警察へ通報する義務が盛り込まれました。学友によるイジメにより精神障害に陥っている子どもさんがいたら躊躇することなく保健所に通報するなどして早期治療に結びつける必要があるのです。

子どもの世界にも大人の世界にもイジメはありますが、このイジメ行為はすべて犯罪行為です。そこで、子どものうちに法律を体で覚えさせるため「法学」を導入して規範意識を育てる必要があると思うのです。

私と遭遇した子どもさんが、学校でイジメに遭ったため担任の先生に相談したが担任の先生は何もしてくれなかった……などと言って嘆き、自殺まで考えてきた生徒さんがいました。日本では、イジメを受けて自殺に至る子供さんが毎年約２００人（警察発表では３００人）いると発表されています。

そこで、先生にお願いしたいのは、生徒からの「相談ごと」は先生に犯罪被害申告をしていると理解すべきです。先生は、この犯罪行為を隠したとすれば、「公務員による告発義務」に反することになり、そのことを隠す行為は「犯人蔵匿罪」「証拠隠滅罪」などの重大な犯罪になることをここで再認識して欲しいのです。

イジメを分析しますと「暴行」「傷害」「恐喝」「脅迫」「器物毀損」「名誉棄損」「侮辱」

など立派な罪名が付いていますので、ここでは見落としがちな法令だけを抽出してご紹介します。

●刑法第２０４条「傷害罪」

「人の身体を傷害した者は、10年以下の懲役又は30万円以下の罰金、若しくは科料に処する」とあります。

ここで「身体」とは、「精神的健康」も含まれます。即ち、血を流すだけが傷害罪ではありません。

※昭和54年東京裁判の判例で「身体の完全性を害する行為」で「精神を衰弱させる行為も含む」とあり、平成24年7月25日の最高裁判決でも、ＰＴＳＤ（心的外傷性ストレス障害）は傷害罪であると判決されました。

●刑法第２３０条「名誉棄損罪」

「公然と事実を適示し、人の名誉を棄損した者は、その事実の有無にかかわらず、３年以下の懲役若しくは禁錮又は50万円以下の罰金に処する」とあります。

ここで、「人の名誉」とは、「人の社会上の地位又は価値」を指し、道徳、知能、技量、容姿、健康、身分、家柄など、尊重されるべき一切のものであり、通常人が我慢できる範囲を基準に判断され、この罪は親告罪です。

●刑法第２３１条「侮辱罪」

「事実を適示しないで、公然人を侮辱したる者は拘留又は科料に処する」とあります。

これは、公然と他人の社会的地位を軽侮する発言であり、例えば、「バカか?」などと言って怒鳴りつけ、「この前科者ものが」とか「この父なし子」などと言って指摘する行為も犯罪と捉え、有罪になった判例があり、親告罪です。この罪は、刑法の法定刑では最も軽い罪であり、最高裁で29日間の拘留判決が出た例があります。親告罪とは、被害者が行為者を処罰して欲しいと明確な意思表示をすることにより処罰される罪です。

●児童福祉法第25条・児童虐待防止法第６条

「児童虐待を受けたと思われる児童を発見した者は、速やかに福祉事務所、児童相談所、児童委員に通告しなければならない」と定められています。

●障害者虐待防止法

この法律は、障害者基本法にある身体障害者、知的障害者、精神障害を負う人に対する虐待を防止する規定であり、両親や家族などの養保護者や福祉施設の職員、職場の使用者による精神的虐待、ネグレクト（養護放棄）、心理的虐待、性的虐待、経済的虐待の5類型を「障害者虐待」と定義し、発見した人に地方自治体への通報義務が課せられています。（平成24年10月1日施行）

●イジメ等で負傷した場合の補償

大半の学校は、独立行政法人日本スポーツ振興センターの共済保険に加入しています。この規定は、学校管理下の事故（登下校を含む）や災害、イジメ、体罰などにより負傷した場合に適用され、学校による出来事が原因で家庭内で自殺した場合を含み５００万円以内の見舞金が支給されることになっています。

●司法機関への通報義務
～正義の実現者として～

刑事訴訟法第239条に、

「公務員は、その職務を行うことにより犯罪があると思料するときは、告発をしなければならない」

とあり、職務上知り得た犯罪は速やかに検察や警察に告発しなければならない義務が課せられています。

自殺に関して考えると、人権侵害、虐待、保護責任者遺棄、生活保護の不正受給、労働安全衛生法による安全配慮義務、医療現場における医療過誤、公的施設の安全配慮義務、イジメによる犯罪など枚挙にいとまがありません。

公務員には、法律を遵守すべき義務とともに社会秩序を維持すべき義務があります。国民の生命・身体・財産や福祉の増進について、地域住民が「安全」「安心」「安定」した生活が送れるようにその職務に専念し、仮にも不法事案を察知した場合は見逃さず、躊躇することなくその犯罪の撲滅に向けて取り組まなければなりません。また公務職を退職してからも（財）日本退職公務員連盟（約36万人会員）は、一昨年の春、退職後も地域における福祉活動の実践者として活動することを決議し、各地区で取組みを開始しています。

◎精神科医の5分間治療

～精神障害者の治療に「薬物療法」「認知療法」「環境調整療法」があります～

精神障害者の中に、長年医師の指示通りに薬を飲み続けたが一向に治らないため名医を求めて全国を行脚したという人もいました。

何故こんな現象が起きるかについて、精神治療現場の報酬システムを知っておく必要があります。

①初診料は500点（5，000円）
②再診料は、30分以上の診察の場合は400点（4，000円）、但し5～30分未満の場合は330点（3，300円）となっています。この場合、再診者には30分以上の診察時間をかけても700円増の4，000円しか報酬が入らないのです。

ここが問題です。

短時間診察により患者数を増やしたくなるのは人情だと思いますが……となると、再診者に対して5分間診察の場合6人の患者さんを診察することができるのです。3,300円×6人＝1万9,800円で、差引1万9,100円となり、僅か30分の仕事で大きな差額が生じるのです。

このようなシステムになっているため、病院経営としては薬物療法中心の短時間診察となり、より多くの患者さんを診察して報酬を上げることになるのです。そして「薬物療法」が中心となり、精神障害者の有効な治療方法と言われている「認知療法」「環境調整療法」その他「ECT（電気ケイレン）療法」などの治療が疎かになるのです。その結果が薬漬けとなり、「社会復帰ができず、社会経済活動への参加」もできなくなっているのです。

■「障害者雇用促進法」

精神障害者の雇用について、平成25年4月13日、精神障害者の雇用義務についてストレス社会で精神障害疾患患者が日本には約350万人おり、この精神障害者も「障害者雇用促進法」の対象に含まれ、事業主に身体障害者や知的障害者、精神障害者も雇用するよう義務付けられました。

この精神障害者については、平成18年から法定雇用率にカウントされていますが、本年度（平成25年）からは従来の雇用率より0・2％アップし、国や地方公共団体には2・3％、都道府県教委などでは2・2％、50人以上雇用の民間企業にあっては2％を雇用すべきと義務付けられました。

◎幻覚・幻聴者への対応～被害妄想者との戦い～

「高周波が発信されている」「何時も盗聴器を付けられて監視されている」などと、明らかに「被害妄想」と思われる人が東尋坊の岩場に何人か立ちました。

この被害妄想者の世界には、
・近所にある暴力団事務所の若い衆が、町内の住民を使っていつも私を監視している。
・不倫をしたことを周りの人に言いふらす人がおり、私の顔を見ると皆さんが立ち止まって噂話をしており、その発信元を突き止めるために呼び止めて聞いてもどうしても口を割ってくれない。

・家に盗聴器が取り付けられており、家での会話が近所中に知れ渡っている。
・目に見えない霧状の毒物を噴霧されており、呼吸困難になる時がある。
・寝ていると誰かが家の中に入って来て私の脳波を狂わし、私を殺そうとする。
・高周波電波をいつも発射されており、ＴＶの映像が乱れ、私を衰弱死させようとしている。

など、相手不明の集団にいつも監視されており、自分を衰弱死させようとしていると言うのです。

こんな話を聞いていると、夢の中の世界が、その人には起きていても発生していると思われる世界です。この人たちは警察に相談していますが精神科で一度受診してみたらと言われて相手にしてくれないと嘆いています。また、警察官に訴えて家に来てもらい調べてもらったが相手は賢く、警察が来ることを事前に察知し、警察官がいる時だけ何も事件が起こらない……などと言うのです。そして、「私は精神障害者ではありません」と完全に否定します。

私は、この人たちの訴えを聴き、相手の求めに応じて家に泊まり込んで張り込みをし、監視したこともありましたが何の事案も起こらず、また、盗聴器探索の専門家にも来てもらって探索してもらったこともありました。

この人たちは毎日脅されている世界にいるため神経が過敏になっており疲れきっています。また、本人だけが聞えたり見えたりするため、他人の言う事には一切耳を傾けようとしません。この時、私は相手の言うことを最初から否定せず、一つ一つの出来事を丁寧に聞いてあげて共に事実確認をし、本人に納得してもらいます。そして、本人は精神疾患に罹っているのではないか思うようになり精神科医の治療を受けさせたこともありましたが、「あなたもグルだ！」と言われて離れていった人もいました。

◎生活保護法、生活困窮者自立支援法、子ども貧困対策推進法
～再チャレンジの出来る社会づくり～

・生活保護法の改正

生活に困っている窮状の状態になっている人に行政が救助の手を差し伸べ援助していますが、このシステムを悪用する人を厳罰にするよう法律が改正されました。

生活保護の受給者は215万人に膨れ上がっており、年金受給者よりも収入の多い現

象が起きているために63年ぶりにこの法律が改正されました。この改正は、罰則の強化、就労実態の調査、保護から脱出する時の就労自立給支援などの法整備です。（25年6月）

・生活困窮者自立支援法の新設

この法律は、9年前から私たちが実際に自己資金を提供して実施してきた内容です。今までに、何度となく行政機関にこの法律の整備をお願いしてきた内容です。

この法律は、生活保護を受ける前の行政機関による支援策であり、

①立相談支援事業…………相談窓口の設置
②住居確保給付金の支援…住居の確保資金など
③就労準備支援事業………就労訓練など
④一時生活支援事業………宿泊場所、生活費などの提供
⑤家計相談支援事業………支出の節約、資金貸付けの斡旋などの相談などです。

この法律の施行により多くの人の命が救われると思われます。

・子どもの貧困対策推進法の新設

親の貧困が子どもの将来に大きな影響を及ぼしています。中・高・大学校に進めず、貧困のため運転免許証や他の資格も取れずに社会に放り出された子どもさんたちのための法律です。

何故、生まれた時からこんなに差があるの……。

こんな貧乏な家には生まれてきたくなかった……。

死んで、今度は裕福な家庭に生まれ変わるんだ……。

などと考える子どもさんがいます。出生先は誰も選べません。

この法律の精神は、昭和26年に制定された「児童憲章」で謳われているものであり、やっとで法制化されたものです。

◎パワーハラスメントやイジメの撲滅

労働基準法第75条に、

「労働者が業務上負傷し、又は疾病にかかった場合においては、使用者は、その費用で必要な療養を行い、又は必要な療養の費用を負担しなければならない」

とあり、労働安全衛生法第65条の3では、

「事業者は、労働者の健康に配意して、労働者の従事する作業を適切に管理するように努めなければならない」

とあります。また、精神障害の労災認定基準として、
①精神障害を発症したこと
②発症前の6カ月間に、業務上の強い心理的負荷があったこと
③業務以外の要因による発症でないこと
の3つの要件が掲げられています。

事業者には、労働者が精神障害に至らないように「安全配慮義務」があります。事業主には、「心身の健康配慮義務」があり、うつ病などの精神障害に至った場合、大きな損害賠償責任を負わされることがあります。

◎確認型・応答型対話法の勧め

この世の中で発生しているトラブルの最大の代物は、会話による誤解からです。

自殺を考えている人に、「私の気持ちを誰も理解してくれない」「何も私を認めてくれない……」など、会話のまずさから取り返しのつかない関係になっている人がいます。「黙っていると、何を考えているか分からない」「眠っているんか？」などと言われ、罵倒されることもあります。

会話には、思い違い、勘違い、解釈違い、先読みや推測による誤解、言葉足らず、多弁などから誤解が生じます。

この問題を解消するため、「自殺のない社会づくりネットワーク・ささえあい」の会員さんで「日本対話法研究会」の創始者・群馬県出身　浅野良雄さんがおられます。この人が提唱しているのは、

【確認型応答】⇑主旨が間違いなく相手に伝わっているかを確認する。

【応答型確認】⇑発言主旨を確認して応答する。

会話法です。

この会話法を日常生活に採り入れるとトラブルが解消されるのではないかと思います。

◎自傷行為者の想い……

～リストカット経験者の話～

東尋坊の岩場に立つ人の中に、自分の首や手首、お腹まで刃物で傷つけ、まるでイカ焼きの肌の様にズタズタに刻み込み苦しんでいる人もいました。

その家族に、「何故この子はリストカットをするのかお分かりですか」と尋ねたところ「家族の気持ちを引くためにあんなことをするのです」と言うのです。

そこで、当事者に「死にたいのなら、何故一気に心臓を刺さないの？」と聞きますと、

「死は怖いんです」

「できたら、交通事故や列車事故、天災などで死ねたら最高です」

「胸を刺すまでの勇気はありません」

「苦しくなった時、リストカットして血を見ると、自分の心の苦しみがその痛みで消えるため、切るのです」

「決して、家族の目を引くためにやっているではありません」

と、言っていました。

ある精神科の先生は、うつ病は大きな怪我をすると治りますと言っていましたが、この原理と同じだと思います。「怪我」により、自分の頭で考えていた悩みごとがその痛みによって消されるのです。部屋に閉じこもっている人がいたら気分転換を図る仕掛けが必要だと思います。

◎「パトロールボランティア」への勧め
～ボランティア活動の勧め～

「一寸待て〝おじさん〟」「一寸待て〝おばさん〟」「東尋坊の用心棒」などと呼ばれて毎日のように東尋坊の岩場をパトロールしている我が会員さんたちは、東尋坊の岩場で行き交う観光客に笑みを見せ、福井弁で何気なく話し掛ける「語り部」もしており、東尋坊物語や福井県の自慢話、旅行の楽しみ方、お帰りに立ち寄るべき施設などの観光案内もしています。

そして、締めの話として、「もう、これ以上東尋坊へ自殺企図者を送り込まないでください！」と訴えています。

このような話し掛けをしていると、観光客を装って自殺を考えて来た人との禅問答が始まることがあります。

「人間は、必ず一度は死にます。なぜ、こんなに苦しいのに生き続けなければならないのですか？」

「どうせ死ぬなら、死にたい時に死なせてあげれば良いのに……」

などと言われることもあるのです。

この考え方に一部同調できる部分もありますが、自殺を考えて来られる人の多くは、何らかの理由で「追い詰められた末の死」です。本心は死にたくないのです。即ち、死に追い込まれている被害者であり、逃げ場所を失ってあの世を目指してしまうのです。

憲法第13条「個人の尊重」では自殺を認めています。しかし、それは正常な時の選択を指しているのです。例えば、太宰治、川端康成、三島由紀夫などの死を指しているという人もいます。

このように、私が問いかけられると、私は必ず「輪廻転生」とか「トランスパーソナルの世界」の話をします。この話をすると、「行ったことも無いのに、見て来たような嘘をつく……」などと言われて笑われますが、最後の落ちとして、

「人間は生きてさえおれば、〝ああ、生きていて良かった〟と思う時が『必ず』来ますよ……」

などと言って元気を取り戻してもらっていますが、こんなたわいもない会話であっても相手は心が和むのか、別れの時、「ありがとうございました」と言ってくれます。

このように、見ず知らずの人に声を掛け、話しが弾むと、「友遠方より来る、また楽しからずや……」といった楽しい気分になります。

私たちと一緒にパトロールを体験してみたいと思う人は、福井県ボランティアセンター（☎０７７６―２４―４９８７）主催の「サマー・ボランティア体験者」（毎年7月20日～9月30日頃まで）にも登録していますのでそこへ申し込んでもよく、直接私の事務所に申し込んで頂いても結構です。

このボランティア活動に参加して頂くための条件は、

・心身ともに健康であること。

・おしゃべり屋さんでなく、相手の話をじっくりと聴ける、「傾聴」の出来る人であり、五体満足であれば年齢を問わず誰でも参加できます。

私は、自殺の多発場所である駅、踏切、渓谷、断崖、つり橋、河川などで悩み佇んでいる人に声掛けができるゲートキーパさんを1人でも多く育てたいと思っています。

◎「同伴ボランティア」への勧め
〜杖代わりになってくれる人を求めています〜

街中にある相談所で相談すると、話は聴いてもらえますが一緒に動いてくれませんとの苦情をよく聞きます。

何故こんなことになるのかと考えてみますと、その人の「能力」「生い立ち」「環境」などを総合的に見た場合、その人の能力だけではとても解決できそうでもない出来事があるのです。相談者は、自分の羞恥部分を聴かれて話すのですから、その人の苦しみを取り除いてあげないと不完全燃焼のまま帰されることになり不満が残るのです。相談者は、悩みごとを「解決」または「軽減」したいために相談するのですから、不発感だけが残った場合、もう二度と誰にも相談はしないと決めてしまう人もいるのです。

この世に〝神の手〟を持った人はおらず、また、百戦錬磨の達人もいないと思います。恥ずかしい出来事を聞き出すのですから、聞いた人は、自分のできる範囲内で力一杯その人のお世話をしてあげて欲しいと思うのです。

私たちが東尋坊をパトロールして自殺を考えている人を見つけると、〝死んだらアカン！〟と言います。そして、相手の話をじっくり聴き、相手の琴線に触れる内容まで聴きだして私たちにできるお手伝いを提案し、それに納得してもらった人には同伴して解決に向けたお手伝いをしています。


では、どのような支援をしたら彼らは再出発出来るのでしょうか？


その答えは、彼らに聴かないとわかりません。

相手の要望を聞き出して、我々にもできる支援を提案してあげるのです。

そして、次の質問をします。

「今、あなたが一番苦しい出来事はなんですか？」

「どうなったら再出発できますか？」

この質問に答えた内容こそが、その人を「死」に追い込んでいる毒矢だと思います。

この毒矢である「棘《とげ》」を取り除いてあげるお手伝いをしてあげないと、その毒が体全体に回って死に至るのです。

私は、この「棘」を取るお手伝いのことを「悪魔退治」と言っています。この悪魔退治をするには、「共に戦う」戦士にならなければいけません。このお手伝いをすることを私たちは「同伴活動」と呼んでいます。

この時の悪魔退治をする総司令官は遭遇者であるクライエント（相談者）です。間違っても、私たちが総司令官になってはいけません。私たちは、ただの一兵卒にすぎないのです。その人に指示伺いをして共に動いてあげるのです。

私も短期間でしたがカウンセリングの講座を受けたことがありますが、その時の先生に教わった内容は、米国のカール・ロジャーズ理論や河合隼雄理論であり、「受容」「傾聴」「共感」でした。

何回も何回もロールプレイをしてカウンセリングの方法を体に覚え込まされましたが、この講座では「同伴」は禁止されていました。何故禁止なのかを聞いたところ、カウンセリングとは、悩みごとを聴いてあげて、その悩みごとを解決する方法を助言・指導することであると言っていました。即ち、話し相手になれる勉強をしているのであり、解決するまでの同伴手伝はしてはいけないのです。

その聴き方は、

「ああ、そう、苦しいんですね？　苦しかったんですね……」

と言って、相手の気持ちを受け止め、その気持ちを共感してあげることにより、自分の力で悩みごとを取り除くための動機付けをしてあげることだと教わりました。

身体障害者のように介護を求めている人はどうするのですか？

精神障害になり、自殺まで考えている人にはどうしたら良いのですか？

再起するための気力や能力のない人が、その気力を回復させるためには、どうしたら良いのですか？

の勉強ではなかったのです。即ち、カウンセリングを受けているクライエントさんは、まるで壁か鏡に向かって独り言を言わされている感じでした。

正式なカウンセラーとしては、国家資格を持つ臨床心理士が医療行為を行うカウンセリングがありますが、国家資格でない任意団体が認定した◯◯カウンセラーとか、◯◯心理カウンセラー、◯◯セラピー等の名称を使って営利活動をしている団体もあり、このような団体が日本には１００近くあると言われています。

私たちは、「傾聴」し、「共感」して「同伴」するまでしています。この「共感」したらもうひと押しして同伴・解決までのお手伝いをして欲しいと思うのです。

街中にあるカウンセリングを受けると、そこの先生の話術の罠《わな》に嵌《はま》り、洗脳されて、「誘導地獄」から抜け出せなくなっている人もいます。また、カウンセラーと呼ばれている人の中には、偉く染まり、上から目線で話をする人がいます。クライエントは、「横から目線」や「下から目線」で話せる人に話を聴いて欲しいのです。

私たちが実際にやっている「同伴活動」は、多重債務を解決するためには法テラスまで同伴し、生活苦の場合は福祉課の窓口まで同伴し、パワーハラスメントやイジメの被害に遭っている人には職場まで同伴して上司と直談判して事業主に安全配慮義務があることを伝えて職場改善を要求し、場合によっては労災の手続きまでお願いしています。また家庭内での揉《も》め事でしたら、その家庭を訪問して、家族の皆さんから話を聞いて問題の解決に向けて話を纏《まと》める仲裁役もしています。

このような「同伴活動」をして問題が解決できたときの喜びは何ともいえない最高の喜びに変わります。ここまでするのがカウンセラーの資格を持った人の態度でありたいと思います。

私人である私たちにも限界があります。何れにしても「最後の砦」になるのはやはり行政機関です。

◎お金では買えない「幸せ」への勧め
～曹洞宗大本山「永平寺」の修行僧の話～

この話は、福井県にある曹洞宗大本山「永平寺」で修行をされている雲水さんたちのことです。

永平寺では、３５０人ほどの修行僧が厳しい規律のもとで毎日修行しています。

この修行で、私たちの目に見える最も厳しい修行は寒修行です。北陸地方では一番寒い真冬の厳寒期に蓑笠を被り、黒い作業衣で身を包み、草履を履いて街中を鈴を鳴らして読教を唱えながら歩くのです。

この修行に参加されたお坊さんに、「何故あんな厳しい修行をされるのですか？」と尋ねたことがあります。すると、

「人間の邪気や欲望を取り除いて、目に見える「物」、即ち物心で人の心が左右されることのないよう「心」の修行をしているのです。自分の「心」の所在により、自分の本当の心の豊かさを体で感じられるように修行をしています。そして、自分が生かされてい

ることに感謝し、本当の喜びが自分の心から湧き出てくるよう、自分の心を磨いていま
す」

と、答えてくれたお坊さんがいました。

このように、目に見える「物」に左右されないよう、自分の「心」が磨けたら本当の幸せでありこの世は地上の極楽に思えるのではないかと思います。

「貧しくても楽しい我が家」という言葉がありますが、毎日が感謝の気持ちで一杯になって生活ができれば、この世に自殺なんて考えられないと思います。

この世は、自分を磨くための修行道場です。

この考えを基本に「心の健康づくり」、メンタルヘルス（心の健康づくり）をすべきではないでしょうか。

真の豊かさや、真の幸せはお金では買えないと言われています。

~マダム・ホーさんの話を抜粋します~

・「時計」は買えても「時間」は買えない
・「ベット」は買えても「快眠」は買えない

・「本」は買えても「知識」は買えない
・「名医」は買えても「健康」は買えない
・「地位」は買えても「尊敬」は買えない
・「血液」は買えても「命」は買えない
・「セックス」は買えても「愛」は買えない

◎「恩送り」の勧め

英国圏にペイ・イット・フォーワードと称する財団法人がこの「恩送り」を推奨しており、日本の作家・井上ひさしさんも推奨している活動の一つです。「恩送り」とは「恩返し」と同意語ですが、他人から受けた「恩」を誰に返すかを考えたものです。

この「恩送り」について、3つの物語を紹介します。

・11歳の少年に「もし、この世界を変えたいと思ったら何をしますか?」と質問したところ「他人から受けた厚意をその人に返すのではなく、周りの別の人へ送っていくと世界が変るのでは……」と答えたそうです。

・アメリカの某所のコーヒーショップを訪れた1人の女性客が、100ドルを店員に預け、「このお金がなくなるまで、ここに来たお客さんにご馳走したい」と言ってお金を置いて帰っていかれました。ここの店の店員さんは次の日から、次々と来られたお客さんに無料でコーヒーを提供したところ、その町の噂となり、何も買わずに寄付だけをして帰っていくお客さんも現れ、1万2,000人以上ものお客さんが来たそうです。

・昔、豊臣秀吉の家来で曽呂利新左衛門という人がおり、その新左衛門が手柄を挙げたため秀吉は褒美として何でもやるから申し出よと言ったところ、「初日は米一粒で良く、次の日からは倍と、100日間だけください」と言ったところ、快く承諾したそうです。ところが、11日目になると1,024粒（約20g）となり、31日目には10億7,374万1,824粒（約22t）で、100日目には、2の99乗、重さにすると約10tに22乗すると地球全体よりも重くなる褒美となり、秀吉は謝って許してもらったそうです。

この「恩送り」とは、「1人から受けた恩をその人に返すのではなく、別の3人に送っていくと素晴らしい世の中になる」という話です。

昨今、ネズミ講とかマルチ商法などと言われる悪徳商法が横行していますが、善行である「恩送り」を次から次へと送っていくと、住みよい世の中になること間違いなしと思います。

◎「ソフリエ」の勧め

この言葉は、「祖父」と「ソムリエ」の言葉をかき合わせた「ソフリエ」と呼ぶ造語です。

いま高齢者による自殺者が全体の4割を占めています。高齢者は、地域からの呼び出し回数も減少して存在感がなくなり、友人も少なくなり、持病で悩み、家族の足手まといになって厄介者扱いにされ、「早くお迎えが来て欲しい……」と嘆く老人たちが大勢います。

この「孤独からの解放対策」として、PPC（ぴんぴんころりん）対策、健康体操、ゲートボール、ズンドコ体操、高齢者カラオケ教室、高齢者麻雀の集いなど、社会福祉協議会ではいろいろな企画を立てて高齢者のための生きがいつくりの〝集い〟を開催していますが、この誘いに煩わしさを感じて一日中家の中に閉じこもり、朝から晩までテレビを見てゴロゴロしている老人もいます。

そこで、家族の一員としての存在感を高めてもらうために考えられたのが、孫やひ孫の面倒が見れるために、抱っこやお寝かしのしつけ、オムツ当て、事故予防、遊び等を指導する「ソフリエ講座」が開講されています。

この講座は、2日間の実習を受けた人に、祖父向けの「ソフリエ」としての資格認定書が授与されるもので、NPO法人の資格を取って全国に広めている団体があります。

高齢になっても、いつも家族の一員として重宝がられるような資格をとり、現役として老後を送って欲しいものです。

そこで、私たちは老年期に向け、

・平常心
・忍耐力
・聞き上手
・寛大な心

・おもいやり
・希望
が身につくよう、日々精進努力すべきだと思います。

◎「喫茶去《きっさこ》」の勧め

喫茶去《きっさこ》という禅語があります。
さあ、お茶でもいっぷく召しあがれ……
という意味だそうです。
人生に疲れた人がひと休みしたいとき、
ホッと出来る場所で
ホッと出来る人と
ホッと出来る時間を過ごしたい
そんな場所があったら、心が安らぎ、明日への栄気が養われると思います。
今、あっちこっちでサロン活動と称する居場所つくりの活動が始まっています。そこは、軽音楽が流され、軽食が準備されており、気持ちが落ち着くまで自分の境地に入っていることのできる場所です。

話をしたくなかったら何も話さなくても良いのです。

誰にも気を使うことなく、瞑想にふけることもできます。

スタッフとは適当な間隔が保たれています。

そのような居心地の良い空間です。

この施設には、いつもお坊さんか牧師さんがおり、交代で人生相談にも乗ってもらえるサロンがあったら最高です。その様な雰囲気のあるお寺さんや教会は、あなたが住んでいる近場にもあるはずです。一度尋ねてみては如何でしょうか。

◎「常識」って私にとっては「非常識」です
～インクルージョンの世界～

出来ない人に、「常識」「普通」「平均」「誰でも」と言って、多数意見だからと言って押し付けをする虐待などの人権侵害事件が発生しています。

平成25年5月21日（火）午後4時15分頃、東尋坊の岩場に21歳になる女子大学生が佇んでいました。一見してこの人は自殺を考えて岩場に立っていると分かったため声掛けをしたところ、「私は性同一性障害（セクシュアル・マイノリティ）で苦しんでいます。どうしても女らしいことは出来ず、みんなから疎外され、何時も何か背中に重荷を担っているような感じがして、このまま生活を続けるのは辛いんです……」と言って泣きじゃくるのです。

困り果てた私は、場所を変えて静かな場所でゆっくり、その人から話を聞いたところ、「両親はとても好きです。特に母は私を可愛がってくれるのですが、私の声は低音で、男のような声しか出ず、また、しぐさも男みたいで、料理・洗濯・掃き掃除などはまったくダメで、自分の体は女ですが、中身は男だと思っています。その証拠に、私は女の子にしかモテず、男の人と話していると普通の女性だったら話が出来るのに、私は寒気がします。特に男性は、みんな女性化しており、何の魅力も感じません。私は、小さい時から男性と遊びましたがみんなからオテンバと言われて敬遠され、以降、女性とつき合っても、私を男としてつき合ってくれており、自分のことを「僕」と言っています。また、言葉遣いも荒いのですが、誰も男性とは認めてくれないのが辛く、女性友達はたくさんいます。この世の中で一番辛いことは、男と女が区別されていることです。私は、女性としてする事は何も出来ないし女性と思われるのが嫌なんです。私は、いつも男装をしています。私は、男性が好きになれないため普通の幸福な生活は送れないのです」と言うのです。

この男女区別のジェンダー規範は〝男／女は○○であるべきだ〟と、性によって区別することであり、この人たちは傷つきます。このような考えを持っている人がＷＨＯの報告によると、全人口の３〜10％いると言われています。

単に、性差別による常識（多数派）・非常識（少数派）とか、「正常」とか「異常」と言って相手を追い込む行為は差別になります。このマイノリティ（性同一性障害）の人たちから人権侵害と言われて訴えられないよう注意が必要です。

第9章

ゲートキーパーへの勧め

自殺を防止する活動者のことを「ゲートキーパー」と呼んでいます。

私は、２０１２年の1年間、岐阜県精神保健福祉協会から要請を受け、岐阜県内一円で「ゲートキーパー・クルー養成講座」の講師を務めさせていただきました、そして、同年9月からの半年間『ぎふちゃんラジオ』の「ビビッと！　モーニングワイド」の番組で30回の講座を開かせて頂きましたので、その時の話題を一部紹介します。

福井県の東尋坊には、私たちの活動拠点「心に響く　おろしもち」という茶屋がありますが、そこを訪ねて来られた人から次のような質問を受けたことがあります。

○ここでは、どんな活動をしていますか？

私にとってはボケ防止ですが、実を言いますと、東尋坊を目指して全国から自殺を考えて来られた人に話し掛け、元気を取り戻してもらうための人命救助活動をしています。

○それは大変な事をしているんですね。自殺しようとしている人に声を掛けるなんて、怖くないですか？

なぜ怖いんですか……？

岩場の最先端に座り、海を覗き込んでいる人は、「自殺したらあかん！」と言ってくれる人を待っているんです。声を掛けてくれる人を待っているんですから何も怖いことなんかありませんよ！　むしろ、旧友と再会したような気持ちになります。

○岩場に座っている人を見つけたら、最初、どんな言葉を掛けられるのですか？

ごく普通の挨拶言葉です。せっかく旧友と会ったのですから、

「こんにちは！

どちらから来られましたか？

ここまで来るの、大変でしたでしょ……

途中で、渋滞に巻き込まれませんでしたか？

何時ごろ、ここに着きました？

ここの日本海の海は、一見穏やかに見えますが一旦海が狂い出すともの凄く荒れまくり、まるで地獄絵図のような景色になるんですよ！

あの高い岸壁が波に飲み込まれてしまうことがありますが、嵐が収まると、海面

が鏡のようになり、あの嵐が何処へ行ったのかと思うほど平穏な姿に戻ります。

ところで、今日はこの後どうされますか？

お宿は取ってありますか？」

などと話し掛けるのです。

すると、こんなごく普通の声掛けであっても自殺を考えて来られた人は、何故かすぐ涙ぐんでしまうんです。突然、見ず知らずの人に声を掛けられたために嬉しいのか、または、自分の心のうちを見透かされたように思うのでしょう、少し顔を硬直されますが、そんな時、すかさず次の言葉を発します。

「今日まで、苦しかったんでしょ……」

と言うと、

「もう良いんです、私はどうなっても良いんです……」

と言って、その場を離れようとします。しかし、

「一寸待ってください！

私に任せてください！

何とかなりますよ！

この世で、解決できない苦しみなんてないと言われています……

私は今日まで、いろんな人の悩みごとを聞いてきましたが、すべてその悩みごとが解決できていますよ。

あなたは、何処のどちら様か知りませんが、私にあなたのその命を預けてくれませんか?

独りで悩んでいたらダメです!

三人寄れば文殊の知恵と言います。

あなたの住所や名前は言わなくて良いです。

あなたの、その苦しみを私に話してから死んでも遅くないでしょ!」

などと言って聞き耳を立てると、なぜかポツポツと自分の苦しい立場を話し出します。人によっては、延々と自分の生い立ちから現在に至るまでの不幸な出来事を話す人もいます。

自殺を考えて東尋坊に来られる人の多くは、五体満足の人たちばかりです。一見一人旅をしている観光客のように見えますが、よくよく見ますと肩を落として歩いており、また視線が定まらず、どことなくビクビクしている感じがします。

こんな人であっても、話しだすと自分の辛かった出来事を延々と話してくれます。

そんな時、

「何ですか、そんな小さな事で……、そんな出来事なんか、誰にも日常茶飯にありますよ！」

などと言って、相手を批判しますと、ムッとした態度を取り、

「誰も自分のこの苦しみを分かる人はいないし、解決できる人もいないって！」

など反論してきますが、

「大丈夫です！　私たちが、何とかします……」

と、はっきりと言い切ってあげると、心のどこかで「ひょっとするとこの人は頼れる人かもしれない」と思うのか、私の言葉に耳を傾けてくれます。

多重債務、うつ病、生活苦、人間関係の破綻など、多種多様の悩みごとです。

そこで、その人の悩みごとを解決するために私たちができるお手伝いの方法を話してあげるのです。

この時の私の気持ちは、その人の悩みごとを自分のものとして受け止めてあげるのです。

そして、その人と共に解決に向けて歩いてあげるセコンド役を呈示すると、それまで閉じていた心を開いてくれるのです。

なぜなら、この人たちは、本人が抱えている悩みごとを解決するために「仲介者」、または、自分が抱えている悩みごとを相手に伝えてくれる人を待っているからです。

私は、この「仲介者」または「忠告者」になり、その人を取り巻いている方たちに、「この人は先程東尋坊の岩場の岸壁に立ち、自殺を考えていたんですよ！」と言って助けを求めてあげると、皆さんが理解を示し、その人が抱えていた悩みごとの解決に向けて動いてくれます。

私たちがやっているこの活動は、うっとうしく、煩わしく、お節介な行動かもしれませんが、周りにいる人に悩んでいる人に対する支援をお願いすると、その人たちは良き理解者となり、悩みごとの解決に向けて行動してくれるようになります。

今のところ、私たちがお願いした相手方で耳を貸してくれなかった人は1人もいませんでした。いや、むしろ積極的にその人に対する支援を行ってくれています。自殺企図者の周辺にいる皆さんは常に「ひよっとすると……」と心配していたからだと思うのです。

私は、第三者の立場を利用して、はっきりと、

「この人は先程、自殺するために岩場に立っていたんですよ！」

と言ってあげることにより、もう「そんなこと知らなかった……」と言って逃げているわけにはいかなくなるのです。この告知行為こそが「延命措置」だと思うのです。

このように、周辺の人の「自責の念」の心をくすぐることにより、皆さんが真正面から向き合ってくれるようになるのです。

■人生諦めたらあかん！　生きてさえおれば、必ず生きていて良かったと思う時がありますよ！
【人生諦めるな！】

日本海を一望しますと、冬の厳寒時に荒波に打ち叩かれてもビクともしない岩が点々と海から顔をのぞかせています。岩の割れ目にしっかりと根を絡ませている松の木の色が、紺碧の青空とみごとに調和し、さらに美しく、優雅な一服の絵模様になります。

岩肌を遠くから見ると、ゴツゴツとした岩石のように見えますが、近寄ってみますとスベスベと丸みを帯び、角のとれた岩肌になっています。この荒波を乗り越えた大自然は、「人生とは何か?」を私たちに語りかけているようにも思うのです。

私は、挫《くじ》けそうになっている人に言ってあげている言葉があります。

それは、

「人生、諦めたらアカン! 生きておれば、必ず、生きていて良かった……と思う時が来るよ!」

この言葉には、力強い「魂」がこもっていると思います。

■他人《ひと》も、我《われ》も幸せになる! 自分ひとりだけでは幸せになれません。「人生」は、人と生きると書きます。

【他人も我も】

私たちは、「人生に行き詰まり、終焉を迎えようとしていた」多くの人たちと遭遇してきました。

この人たちの中には、自分の思いが通らないため、強引に自分の意見を通そうとしたため周りの人に嫌われ、みなさんが離れて行き、その後、ひとり寂しい孤独の世界に置かれ、そこから抜け出すことができずに自暴自棄になり岩場に立ってしまった……という人がいます。

人生で、「ひとりぼっちの生活」ほど苦しくて辛いものはないと思います。

私たちと遭遇した人から人生の失敗談を聴くと、

「我欲に走り過ぎ、何事も損得勘定でしか考えられなかった。

他人のために、自分を捨てて奉仕するなんて、とても考えられなかった……」

などと、私たちの活動についてまで何か裏があるのではと、不信を抱く人もいました。

約21億円もの負債を抱え、倒産した社長さんに言った言葉は、

「自分ひとりだけが幸せになれるなんてことはあり得ないよ！」

「あなたの周りの他人と『共』に『一緒』でないと幸せにはなれない筈ですよ！」

「もう一度、信用を取り戻すことを考えてみたら！」

とメッセージを送ったところ、そのことに気付いてくれたのか、翌日からせっせと公園や道路のゴミ拾いを始め、「他人の苦しみは、自分のことでもある」ことに気づいた

のか、他人に対する「思いやり」の心が芽生えてきたと言っていました。

以降、無報酬で他人の悩みごとを解決するためのゲートキーパーになり、周りの人も認めてくれるようになって、以前の仲間からも声を掛けられるようになったと言ってくれました。

「人生」という字を思い出してみてください。「人と生きる」と書いて「人生」と読みます。自分の周りの人と「共に生きる」のです。自分の人生に行き詰りを感じた時、「他人《ひと》も、我《われ》も」の考えを持って、残りの人生を楽しく送ってみてはいかがでしょうか？

■「生前弔辞」を書いてみよう！　相手の良い所が見えてきます。

【気付き】


私たちは今日までに多くの人生に終止符を打とうと考えている人たちと遭遇してきました。

この人たちに、「何故、ここに来たの？」と、聞きますと、

「毎日が辛く、早く楽になりたいんです」

「私は、生きている資格のないダメ人間です」

とか、

「私の周りの人は、誰も私のことを理解してくれないんです」

など、いろいろな「心の叫び声」を上げています。

しかし、その人たちからじっくりと話を聞くと、人間関係に疲れ果て、生きづらくなり、「死」に追い詰められていることがわかります。

そこで、周りの人に、

「もし、この方が亡くなったら、どんな『弔辞』を読み上げますか？」

と聞いてみました。すると、

「人前で話すのですから、亡き人の良い点だけを思い浮かべて読み上げると思います」

と言っていました。

あの「優しかった振舞い」「思いやりのある行動」「真面目で粘り強かった出来事」など、数多くの良い点を探し出すはずです。

私は、人間は皆「未完成」の人間だと思います。

相手の悪い所を探し出すとキリがありませんが、この世は、相手の過ちを追及し過ぎるために生きづらくなっていると思うのです。

私は、数多くの人から「生前弔辞」を読んでもらっているため元気でいられるのです。

それは、「感謝の言葉」です。

心が疲れている人に「感謝の手紙」＝「生前弔辞」を書いてあげると、きっとその人は「元気」を取り戻してくれると思います。

生前に「弔辞」を読んであげて欲しいと思います。

■迷った時は自分の掌《てのひら》を見よう！「命」は地球より重く「親」の愛情は海より深し！

【親の愛情】

私たちは今日までに、遭遇してきた人の中に、

「私の親は、間違って私を産んでしまったと言っている」

「私の親は、お兄ちゃんや妹ばかりを可愛がっており、私は要らない子です……」

「私の親は、自分の宗教に大金を使い、僕には奨学金を受けさせ、アルバイトをさせら

れて自分の力で大学へ行きました。僕の親は私には何もしてくれなかった……」

などと言って嘆く人がいます。

こんな人に「一度、あなたの掌《てのひら》を見てください」「あなたの親指はどっちを向いていますか?」と言ってあげたことがあります。

「親指があり、人さし指、中指、薬指、小指があります。

人差し指以下の指を家族だと思ってみてください。

親指は、どっちを向いていますか?

親指は、どんな事があっても、いつも家族全員の顔を見ているんですよ!

どこの親も、陰ひなたなく、平等に、家族全員の幸せを願っているはずです!

例え、どの指が怪我をしても、みんな同じ痛みがするでしょ!」

と、言ってあげました。

「親」という字を分解しますと、「木」の上に「立って」「見る」と書いて「親」という字になります。

親は、いつも、どんなことがあっても、あなたの上から愛情を持って見ています。

それが、「親心」と言うものです。

「だから、どんな事があっても両親の愛情を疑う余地はないよ！」と言って諭したこともありました。

彼らは、お父さんやお母さんであっても、その「裏」に何かあるのではと考える人もいます。

自分に対する「叱咤激励《しったげきれい》」のつもりが、感情で話をするために衝突することもありますがそんな時、私たちゲートキーパーはこのように忠告してあげることも大切だと思います。

誰もが自分の親に不審感を抱く時がありますが、その時は自分の掌を見てもらうことです。

「掌を、太陽にかざして見てください！」

「きっと、明るい未来が見えてきます！」

と、私は遭遇者に言って聞かせています。

■「人」の「為」に「善い」ことをする「者」と書いて「偽善者」という字になります。

【偽善者】

私たちと遭遇した人の中に、こんなことを言う人がいました。

「今日まで、八方手を尽くして来たが誰も私の悩みを解決できる人はいなかった。
だから、あなたも私の悩みごとを解決できるはずはない……
ほっといてくれ……
お前は、偽善者だろ……！
自殺を考えたこともない者が、俺の苦しみがわかるはずがない……
私を利用して、金儲けをしようと思っているんだろう……」

などと言われ、私の話に何も耳を傾けようとしなかった人もいました。

こんな時、

「私には大勢の「仲間」がいますよ！　この仲間の知恵をお借りすることができるため、
きっとあなたの悩みごとは解決すると思うよ！」

と言うと、自分の悩みごとを話してくれます。

私も「お前は偽善者だろ！」と、言われると身を引く時もありますが、「人の為に、良い事をする」だけではなく、自分の健康のためもなっていることに気づきます。

■「同情するなら〝金〟をくれ！」でなく、同情するなら「同伴してくれ！」と叫んでいます。

【同伴】


私たちと遭遇した方の中に、「今日まで、いろんな相談機関で相談してきました」と言う方がいます。しかし、多くの方は口を揃えて、「話は聞いてあげるが、私は何もできません……と言われ、もう二度と相談所へは行きたくありません」と言うのです。

この方は、いろんな人に相談をしてきたが、どうしても自分の悩みごとが解決しないため岩場に立ってしまったというのです。

私たちの周りには立派な人が大勢います。その方たちは確かに納得のいく立派な回答をしますが、「心を病んでいる人」は、どんなに立派なアドバイスをしてもらっても、自分の能力だけでは解決できないのです。自分ひとりでは動けなくなっているのです。

こんな人には「杖」代わりになる「人」が必要です。「同情」や「お説教」「叱咤激励」などの言葉は要らないのです。彼らは「寄り添い」「共に歩いてくれる人」が必要です。

昔、「同情するなら金をくれ！」という言葉が流行しましたが、彼らの叫び声は、

「同情するなら『同伴』してくれ！」

と、叫んでいます。

この人たちの「叫び声」に応えると、きっとその人は元気を取り戻してくれます。

■私たちの活動は、自殺防止じゃない！ 人命救助活動（レスキュー）です。

【人命救助】


私たちと遭遇した方の中に73歳になる女性がいました。その女性は、

「私は今日まで、元気なうちに自分の足でこの美しい日本海を見ながら天国へ行くのを夢見てきました。老後に子供の世話にはなりたくないんです。私の好きなようにさせてください！」

と言うのです。

また、55歳になった男性は、

「人間は100%みんな死にます。どうせ死ぬのだから、もうこれ以上苦しまず、ここで美しく死なせてください……」

と、淋しげにも笑みを浮かべて話していました。

この、いずれの方も自分の人生を「悟《さと》っている」ように思えました。

しかし、この人たちに次の質問をしてみました。
・あなたは、今日までどんな夢を見て生きて来ましたか？
・あなたは、今日までに一番楽しかった出来事は何でしたか？
・あなたは、今日までに何が一番辛かったのですか？
・あなたのご両親はもうこの世にいないかもしれませんが、両親のいない淋しさは今も続いていますか？
・あなたのその体は、75兆もの細胞で出来ており、あなたの心臓は一日10万回以上動いていると言われていますが、自分の力では何一つ作れないし心臓も動かすことはできないと思います。となると、あなたのその体は「借り物」ですよ！　あなたのその内臓やその体を欲しいと思っている人はこの世には大勢います。その人たちのために、あなたの臓器を提供しようと思ったことはありませんか？

……などと質問したことがありました。

すると、自分の生い立ちを想い浮かべ、目に涙を浮かべて話をしてくれました。

私は、人生はどんな人生もすべて成功の人生であり、失敗の人生も無駄な人生もないと思っています。どんなことがあっても、残されたその命を大切にし、もっともっと自分の人生の「苦楽」を楽しむべきだと思っています。

この「人間」が息を吹き返らす活動は自殺防止活動ではなく「人命救助活動」だと思っています。

■彼らの「心の叫び声」に耳を傾けてください！　一刻だけ誰かにすがりつきたいのです。

【心の叫び声】

32歳になった男性が、

「私は、子どもの頃に神童と呼ばれました。そして一流中学、高校、大学へと進み、一流企業に就職しました。ところが、その会社から与えられた仕事は営業マンでした。この不景気の中で商品が売れないんです。学問の世界と現実のギャップからストレスが溜まり、とうとううつ病を患ってしまい、医者からもらった薬を服用しても治らず、とうとう『死にたい病』に罹ってしまいました」

と、言うのです。

一方、40代の男性は、

「子供が1人いましたが一昨年離婚し、単身で都会に出てきて派遣会社で働いていました。しかし、仕事が無くなり首になりました。今日までの自分の人生を振り返ってみて、自分の人生が無意味であったことに気付きました」

と言うのです。

この人たちは、何を求めて生きていたのでしょうか?

しかし、この人たちは今日まで走り続けてきたのは事実です。そして、挫折し、「孤立」に陥ってしまっていたのです。そこで、この人たちに一時の避難場所を提供してあげました。

そして、人生についていろいろと話をすると、「自分は、こんな人間じゃなかった！」と気付き、「もう一度、人生をやり直してみます」と言ってくれます。

この人たちとの関わりから分ったことは、誰もが一度や二度は挫折して人生のどん底に陥る時があるということです。この、挫折感を感じている時に「助け船」が必要で、こんな時にシェルターで少し休んでもらうことにより、この挫折の世界から這《は》い上がることができるのです。早い人で一週間、平均すると2カ月以内には再出発していきます。

このように挫折した人に寄り添ってあげることにより元気を取り戻し、息を吹き返してくれます。この寄り添いとは、「一時避難所」を提供したり、「頼られる人」になり、その後を「支えてあげる」ことなのです。

どんな人も紆余曲折の人生が待ち構えています。皆さんの周りに、こんな人がいましたら、その人にそーっと「寄り添って」あげてください。

■「平均台」と思って、直線のライン上を歩いてみてください！　足元に注意を払い過ぎず遠くの目標を見て歩くんですよ！

【平均台】

私たちと遭遇した人の中に、次のような方がいました。

「結婚して5年目になりましたが、乳房にシコリがあることに気付き、以降2軒の病院の診察を受けましたがいずれも異常なしと診断してくれました。しかし、日に日に手が上に上がらなくなったため、今度は総合病院で診察を受けたところ、『乳がんです……』『手遅れです……』と余命半年とまで宣告された時、目の前が真っ暗になり、岩場に立ってしまいました」

と言うのです。

また、30代前半の男性は、

「3年前に家のローンが支払えなくなり自己破産し、1人の子どもを妻に預けて離婚してしまいました。その後、2人の子どもがいる主婦と付き合うことになり、彼女は、旦那と離婚して私との結婚を考えてくれたため再婚することを目標に生活を続けていたのですが、再就職先で持病のパニック障害が発病し、会社を首になり、彼女には生活費も渡せず愛想をつかれ、再婚の話が破綻し、自己破産、離婚、病気、失恋が重なり、とうとう岩場に立ってしまった」

と言うのです。

この、いずれの方もドロドロの世界から抜け出せなくなっていたのです。

私は、この人たちにシェルターで生活をしてもらい、次の実験をしてみました。

「ここに平均台が無いからロープを代用品として使うからね」と言って30メートルほどの一本のロープを敷き、「このロープを平均台と思い、はみ出さないように歩いてください」と言ったのです。すると、足元だけに注意を注ぐため、向こう側に到達するまでに何回もそのロープから足を踏み外してしまったのです。そこで、「足元は少しだけ注意を払い、前方にある目標に向かって顔を上げて、もう一度歩いてみたら……」と言って歩いてもらったところ、見事に最後まで歩けたのです。

乳がんを患っていた人に、「まだ、やりたいことがあるでしょ……」と聞いたところ、「乳がんの早期発見を皆さんに訴えたい……」と言い出し、母校の大学で講演会を開くことができ、生きていく望みを見つけました。

また再婚の夢が破れた男性は、「東北地方で震災のため人手を欲しがっているためそこで働きます。今度は自分の病気を会社に隠さずに話をして一生懸命働いてみます」と言って私の元から離れて行きました。

この2人に、今後自分の人生に迷いが生じたら「平均台」を思い出してくださいと言いました。

この2人は、苦しい環境の中からの再出発です。

自分の人生に目標を見つけ、自立できることを願って後ろ姿を見送りました。

■「アクセル」「ブレーキ」「ハンドル」は何のためにあるの？　緩急を付け、時には止まり、時には遠回りし、Uターンしてもいいんだよ！

【面舵いっぱい！】

私たちと遭遇した人の中で、40代前半の男性は、

「一級建築士であり、ふる里を捨てて都会の建築会社に就職し10年が経過しました。こ

の会社の上司から、『もっと低価な設計をしろ！』と言われ、基準に合わない設計をしてしまったのです。しかし、自分の良心の呵責から苦しみ続けた挙句、ユーザーからクレームが付き、一級設計士としてのプライドが傷つき、どん底に落ち込み、東尋坊の岩場に立ってしまった……」

と、言うのです。

また、30代前半の主婦は、

「車の運転歴10年以上の無事故無違反でした。ある日、交差点を左折する際に横断歩道を歩いていた80代のお婆さんを跳ねて死亡させてしまったのです。旦那と共にお通夜に参列したところ、急に気分が悪くなり葬儀場で倒れてしまい、救急車で病院に運ばれてしまったのです。以降、交通事故の時のことや交通刑務所のことが毎日のように頭をよぎり、寝不足が続いて心身症を起こし、精神科医に通院するようになりました。今日は朝から警察の取り調べを受け、帰宅するつもりが自然と足が東尋坊に向かい、岩場に立ってしまった……」

と、言うのです。

この2人は、自分の「心の中に秘めた苦しみ」から抜け出せずにいたのです。

その後、一級建築士の方は半年程シェルターで生活し、仲間3人とＩＣ関係の会社を立ち上げ、人生再出発のスタートを切って歩き始めました。

交通事故を起こした主婦は、遺族の方から軽い刑にしてあげて欲しい旨の嘆願状を書いてもらい、執行猶予の判決をもらって旦那さんの加護の下で生活を始めました。

この人たちに言ったことは、「交通渋滞に巻き込まれた時の事を想い出してみては……」でした。

時にはゆっくりと『アクセル』を踏んだり緩めたりし、また『ブレーキ』を掛けて休むことも必要だよ！

また、自分の思いで『ハンドル』を操作して遠回りしたり、Uターンしても良いのでは？

運転する前（人生の再出発・船出の前）に体調を整え、「ハンドル」「ブレーキ」「アクセル」の調子を点検して、「面舵《おもかじ》いっぱい！」「ヨーソロー！」「ヨーソロー！」です。

おわりに

私たちの活動も、２０１４年４月で丸10年になりました。

ここまで来れたのも、熱い熱い思いをもって集まって参加してくれている我がスタッフの皆さまのお蔭でもあり、また、多くの全国の方々から送られてくる声援や支援のお蔭であり、この場をお借りしまして深甚から感謝申し上げます。

平成25年10月１日午前11時半ごろ、ＪＲ横浜線の踏切内にいた74歳の男性を救助するため、村田奈津恵さん40歳が父親の運転する乗用車の助手席から父親が止めるのを振り切り車から飛び出し、彼女は電車にはねられて亡くなった事故が発生しました。

この事故について、安倍晋三首相が感謝状、政府から人命救助に尽力したとして紅綬褒章が送られました。また、警察庁からは２００１年１月に東京・新大久保駅ホームから転落した男性を助けようとして死亡した韓国人留学生に人命救助として警察協力章が贈られたとの報道がありました。

映画『タイタニック号』ですが、あの極寒の海に投げ出されて沈没する時、沈没するまでのかなりの時間に、救命ボートで救助できるのは半分以下と分かっていた時、自然と女性、子供が優先的に救助され、その船に乗っていた専属音楽隊が船が沈没するまでの最後の最後まで生演奏を続けて乗客の気持ちを落ち着かせていたシーンを私は涙して見ていた時のことを思い浮かべます。

また、2011・3・11に発生した東日本大震災のとき、整然と列を作って食料品などの配給を受け取っている姿があり、一方フィリピンで発生した大震災の時は略奪が行われており、日本国民の素晴らしさ、温情豊かな国民性の底力を見させて頂きました。

私たちの活動も、最初は地元から大反対のコールを受けての船出でしたが、多くのマスコミさんの取材を受け報道されたことにより、徐々に地元の意識改革が図られるようになりました。また、国民全体が自殺に対する考え方が少しづつ変化してきているようにも思います。

自殺の問題は東尋坊だけの問題ではないのです。東尋坊へは、全国各地から自殺企図者が集まってきており、東尋坊の水際対策だけでは防止することはできないのです。即ち、上流対策である日本全国の人が『人命救助』であると意識改革をすることが自殺防止対策だと思うのです。

私たちは『もう、これ以上東尋坊へ自殺企図者を送り込まないでください！』と訴え続けています。

今日まで、手探りでこの苦難の山川を渡ってきました。まだまだ私たちの目標とするところには至っていませんが、東尋坊での自殺がなくなるまでこの活動を続けていきたいと思っています。

最後に、この本を読んでくださった皆さまにあっては、この私たちがやっている活動から何かヒントを受けとって頂き、皆さまの周りにおられる大切な人の「命」を守って頂けることを願って筆を置かせて頂きます。

合掌

平成26年3月吉日

茂　幸雄　拝

<プロフィール>

NPO法人　心に響く文集・編集局　理事長
茂　幸雄（しげ　ゆきお） 昭和19年2月生れ70歳
事務所：〒910-0006　福井県福井市中央2丁目1番36号
ｍａｉｌ：shige024@mx2.fctv.ne.jp

【経歴】

昭和37年、福井県警察官を拝命
平成16年3月、福井県警（三国警察署 副署長：警視）を定年退職
在職42年間のうち約27年間を生活経済事犯（サラ金、マルチ商法、薬物事犯、福祉事犯、少年事件等）の捜査官として従事
平成16年4月、ＮＰＯ法人「心に響く文集・編集局」を設立・代表理事
東尋坊に活動拠点　茶屋「心に響くおろしもち」店を開設、会員数94人
平成18年から、福井県「自殺・ストレス防止対策協議会」委員
平成19年から、福井市民生・児童委員、福井市地域包括支援センター相談協力員
平成22年から、「自殺のない社会づくりネットワーク・ささえあい」代表（東京・湯島）
平成22年から、毎日新聞オピニオン・コラムを執筆
平成23年5月に、面接相談所「喫茶去」を開設
平成23年9月から、岐阜県ゲートキーパー・クルー養成講座講師
平成24年4月から、福井県薬物乱用防止指導委員

【賞】

平成18年、（財）毎日新聞社会事業団の「毎日社会福祉顕彰」
平成19年、（財）あしたの日本を創る協会「振興奨励賞」
平成19年、関西・経営と心の会「心の賞」
平成21年、日本民報ラジオ放送部門「最優秀賞」
平成22年、シチズン・オブ・ザ・イヤー賞
平成22年、（財）社会貢献支援財団「社会貢献の功績」

【資格など】

行政書士、剣道二段、柔道三段、アマ囲碁四段
日本カウンセリング研究会受講

【主な著書】

「心に響く文集　～勝たなくてもいい、負けたらあかん！～」（自費出版）
「N（ネガティブ）からP（ポジティブ）へのすすめ ～東尋坊からのメッセージ～」（自費出版）
「東尋坊　～命の灯台～」（太陽出版）
「自殺したらあかん！　東尋坊の“ちょっと待ておじさん”」（三省堂）
「自殺をくい止めろ！　東尋坊の茂さん宣言」（三省堂）

（参考資料）　※東尋坊の自殺者数：過去10年間

年（平成）	16	17	18	19	20	21	22	23	24	25	合　計
人員数	25	26	22	21	15	14	17	15	13	14	182人

10年間、東尋坊で自殺防止活動を続けて
475人の命を救ってきた体験記
これが自殺防止活動だ…！

二〇一四年五月二十日　初版　第一刷発行

著　者―茂　幸雄
発行者―籠宮良治
発行所―太陽出版
〒一一三―〇〇三三
東京都文京区本郷四―一―一四
電話　〇三―三八一四―〇四七一
FAX　〇三―三八一四―二三六六
http://www.taiyoshuppan.net/

印　刷　株式会社
シナノ パブリッシング プレス
製　本　有限会社　井上製本所
編　集　㈲21世紀BOX
写　真　NPO法人　心に響く文集・編集局
装　幀　オフィス・トゥリーズ